物业精细化管理精讲堂

物业管理前期介入与承接查验十堂课

张 岩 编著

机械工业出版社

物业服务企业在对业主提供常规性物业服务之前，有两项重要的前期工作：物业管理的前期介入与物业承接查验。

物业管理的前期介入，对于物业的使用与服务管理而言，具有"优化""保障""熟悉""增效""提前"与"节费"的积极作用。

物业的承接查验，对于物业的所有者和服务管理者而言，具有"实效性""实用性""针对性"和"促进性"的特点。

本书是从物业管理的前期介入与承接查验这两项重要的工作入手，从实操的角度，为物业服务企业的管理人员以及专业技术人员提供的操作工具；为房地产开发企业、施工建造企业的规划设计人员以及施工管理监督人员提供的参考模型。同时，本书也可作为高等教育物业管理专业的教学资料。

图书在版编目（CIP）数据

物业管理前期介入与承接查验十堂课/张岩编著．—北京：机械工业出版社，2017.1（2025.4重印）

（物业精细化管理精讲堂）

ISBN 978-7-111-55001-3

Ⅰ.①物⋯　Ⅱ.①张⋯　Ⅲ.①物业管理　Ⅳ.①F293.347

中国版本图书馆 CIP 数据核字（2016）第 238134 号

机械工业出版社（北京市百万庄大街22号　邮政编码100037）
策划编辑：时　颂　　　　　责任编辑：时　颂　林　静
责任校对：张玉琴　陈延翔　封面设计：张　静
责任印制：张　博
北京建宏印刷有限公司印刷
2025年4月第1版·第7次印刷
169mm×239mm·10印张·157千字
标准书号：ISBN 978-7-111-55001-3
定价：29.00元

凡购本书，如有缺页、倒页、脱页，由本社发行部调换

电话服务　　　　　　　　　　　网络服务
服务咨询热线：010-88361066　　机 工 官 网：www.cmpbook.com
读者购书热线：010-68326294　　机 工 官 博：weibo.com/cmp1952
　　　　　　　010-88379203　　金 书 网：www.golden-book.com
封面无防伪标均为盗版　　　　　教育服务网：www.cmpedu.com

前　言

物业服务企业在对业主提供常规性物业服务之前，有两项重要的前期工作：物业管理的前期介入与物业承接查验。

1. 物业管理的前期介入

在现实的物业服务过程中，物业服务企业面临的第一个难题是：由于规划设计或施工建造等原因，物业服务管理无法顺利和有效地进行。而业主在接收了自己的物业后，面临的第一个困扰是：同样由于规划设计或施工建造的原因，物业功能无法充分满足自己的需求。这些问题通常是由于物业本体在规划设计、营销策划、图纸会审以及施工建造过程中，缺乏物业服务企业从满足业主使用功能以及完善后续物业服务管理的角度，对房地产建设开发提出合理的意见和建议所致。而且，这类难题或困扰一经形成，就会造成物业本体无法弥补的硬伤，后期就很难得到有效的解决。

物业服务管理的前期介入，就是解决上述难题与困惑的重要手段之一。

2. 物业的承接查验

物业服务企业与建设单位在诚实信用、客观公正、权责分明与保护业主共有财产的原则下对物业共用部位、共用设施设备进行检查和验收，对于业主正常使用物业与物业服务企业有效提供服务管理同样具有重要的作用。

物业承接查验不同于物业的竣工验收，它是从物业后期使用与服务管理角度实施的一种检查验收，它是对物业质量的又一重"保障"，对业主利益的又一重"维护"。同时，物业承接查验工作也受到国家法律法规的制约与保护。

本书是从物业管理的前期介入与承接查验这两项重要的工作入手，从实操的角度，为物业服务企业的管理人员以及专业技术人员提供的操作工具；为房地产开发企业、施工建造企业的规划设计人员以及施工管理监督人员提供的参考模型。同时，本书也可作为高等教育物业管理专业的教学资料。

目　录

前　言

上篇　物业管理前期介入四堂课

第一部分

物业管理前期介入概述 / 3

一、物业管理前期介入的概念 / 3

二、物业管理前期介入的作用 / 3

三、物业管理前期介入的内容 / 4

四、物业管理前期介入的程序 / 5

第二部分

物业管理前期介入大课堂 / 6

第一课　规划设计阶段物业管理前期介入的要点 / 6

参考资料1：规划设计阶段物业管理前期介入实例 / 18

第二课　营销策划阶段物业管理前期介入的要点 / 24

参考资料2：营销策划阶段物业管理前期介入的实例 / 29

第三课　施工图纸会审阶段物业管理前期介入的要点 / 30

参考资料3：施工图纸会审阶段物业管理前期介入的实例 / 54

第四课　现场施工跟进阶段物业管理前期介入的要点 / 58

参考资料4：现场施工跟进阶段物业管理前期介入的实例 / 72

下篇　物业承接查验六堂课

第三部分

物业承接查验概述 / 79

 一、物业承接查验的概念 / 79

 二、物业承接查验的法律依据 / 79

 三、物业承接查验的基本原则 / 80

 四、物业承接查验的条件 / 80

 五、物业承接查验的依据 / 81

 六、物业承接查验的程序 / 81

 七、物业承接查验的方法 / 82

 八、物业承接查验的内容 / 83

 九、物业承接查验的准备工作 / 85

 十、物业承接查验的问题处理 / 87

 十一、物业承接查验中需要注意的问题 / 88

 十二、违反《物业承接查验办法》的法律责任 / 89

 十三、物业的移交 / 90

第四部分

物业承接查验大课堂 / 92

 第五课　房屋结构、室内部分及装饰装修承接查验操作指南 / 92

 第六课　公用设施及电气系统部分承接查验操作指南 / 107

 第七课　电梯系统部分承接查验操作指南 / 121

 第八课　安全防范系统及消防系统承接查验操作指南 / 130

 第九课　给水排水系统部分承接查验操作指南 / 140

 第十课　绿化工程部分承接查验操作指南 / 143

 参考资料5：物业承接查验工作实例 / 149

上 篇
物业管理前期介入四堂课

Fine Property Management

第一部分　物业管理前期介入概述

一、物业管理前期介入的概念

在物业服务的提供过程中，物业服务企业会面对各种矛盾与困境，其中，由于物业开发建设过程中形成的设计或建造质量缺陷，而导致物业服务企业与业主之间的冲突是最突出、最激烈、最难以调和的。在物业服务管理工作的初期，上述矛盾的协调与解决占据了大量的工作内容与工作时间，有时，物业公司几乎成了房产开发商事实上的售后维修队。

在这种状况下，作为一个物业服务企业已经完成背离了它的经营主线，服务根本就无暇谈起。

如何改变这种现状？

物业服务企业对物业开发实施前期介入是一种有效的解决方法。

物业服务管理的前期介入，是指物业服务企业在全面接管物业，正式提供服务管理工作前所进行的，从满足业主使用功能以及完善后续物业服务管理的角度，对物业本体的设计、建设、开发提出合理的意见和建议的前期准备工作。

物业服务管理的前期介入，除了对物业服务管理本身具有现实意义之外，还具有促进房地产开发成熟、健康、持续发展的辅助作用。

对未来即将接管并实施服务的物业服务项目进行前期介入，是物业服务的基础工作之一，需要规划设计具体、详细、实用性强的工作计划。同时，这也是促使物业服务能够良性运行的一个关键环节，尤其是要突出实效性，从满足业主使用与方便物业服务两个需求角度出发，为今后的物业服务奠定稳定的基础。

二、物业管理前期介入的作用

物业服务管理前期介入具有以下 6 个方面的重要作用：

1. "优化"

通过物业服务管理的前期介入,有利于从满足日后业主实际使用的角度,优化与完善物业公共部位、配套设施设备以及相关场地的设计与使用功能。

2. "保障"

通过物业服务管理的前期介入,有利于从建立多一重质量保障方面,保证与提高物业本体的工程设计施工建造质量。

3. "熟悉"

通过物业服务管理的前期介入,有利于在实施物业服务管理前,预先熟悉并了解物业的实际情况,提高日后物业服务管理工作的效率与品质。

4. "增效"

通过物业服务管理的前期介入,有利于从增强物业使用功能的系统性与完备性方面,提高房地产开发建设的经济效益与社会效益。

5. "提前"

通过物业服务管理的前期介入,有利于物业服务企业能够提前熟悉相关设备设施状况,为后期的物业服务管理做好基础资料与专业技术的准备。

6. "节费"

从物业服务角度出发,通过保障工程建造施工质量,有效地减少接管验收时返修的工作量,降低房地产开发成本与后期物业服务管理成本。

通过以上物业服务管理前期介入工作 6 个方面的重要作用,可以充分地体现出此项工作对于房地产开发与物业服务管理的双重现实意义。

三、物业管理前期介入的内容

物业管理前期介入工作,主要是对规划总图、电气设备、给水排水工程、消防工程、门窗工程、装饰工程、砌筑工程、楼面屋面工程、回填土工程、地下室工程、绿化工程、景观工程等内容进行前期参与介入。

物业管理前期介入体现在房产开发的各个阶段,包括项目定位、规划设计、营销策划、施工建造、竣工验收等不同阶段。是从物业服务管理与业主使用两个角度对物业的环境布局、功能规划、楼宇设计、材料选用、设备选型、配套设施、管线布置、施工质量、竣工验收等方面提出意见与建议。

物业管理前期介入主要分为 3 个阶段进行。

1. 规划设计阶段物业管理前期介入的内容

这一阶段的物业管理前期介入内容是对总体规划、安保设计、消防设计、交通设计、生活配套设计、设备配套设计、新材料、新工艺与新技术的引进、物业管理用房设计、生态环保设计、公共空间设计、景观配置设计、绿化配置设计、户内配置设计、智能化设计等方面的内容，从满足业主使用与有利于物业服务管理两个角度出发，提出完善与优化的意见与建议。

2. 营销策划阶段物业管理前期介入的内容

这一阶段的物业管理前期介入内容是通过物业服务管理方案的策划，物业服务管理经营状况的测算，沙盘与规划设计的核对，《前期物业服务合同》《临时管理规约》的签订，物业服务管理模式的推广以及销售过程的引导与监督等前期介入工作，从满足业主使用与有利于物业服务管理两个角度出发，提出完善与优化的意见与建议。

3. 施工建设阶段物业管理前期介入的内容

这一阶段的物业管理前期介入内容是对电气设备、给水排水工程、消防工程、门窗工程、装饰工程、砌筑工程、楼面屋面工程、回填土工程、地下室工程、绿化工程、景观工程等方面的施工建造，从满足业主使用与有利于物业服务管理两个角度出发，提出完善与优化的意见与建议。

四、物业管理前期介入的程序

物业管理前期介入工作程序，如下图所示。

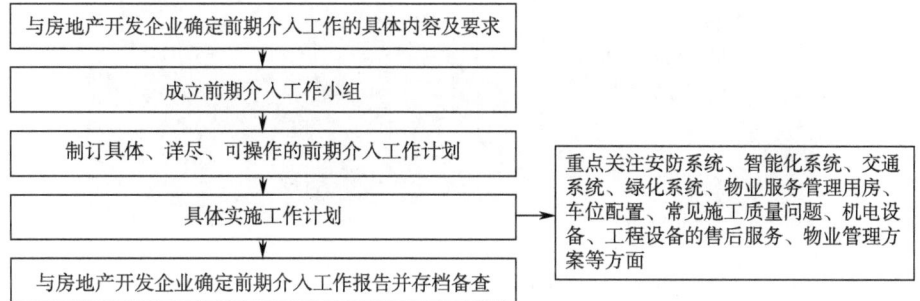

第二部分　物业管理前期介入大课堂

第一课　规划设计阶段物业管理前期介入的要点

规划设计阶段物业管理前期介入主要包括以下 14 个方面：

1. 总体规划设计的前期介入

主要评估以下内容：

1）总体规划设计中的功能分布是否合理：如同一物业项目中不同物业业态的分布与不同组团分布的合理性与匹配度。组团分布示意图如图 1-1 所示。

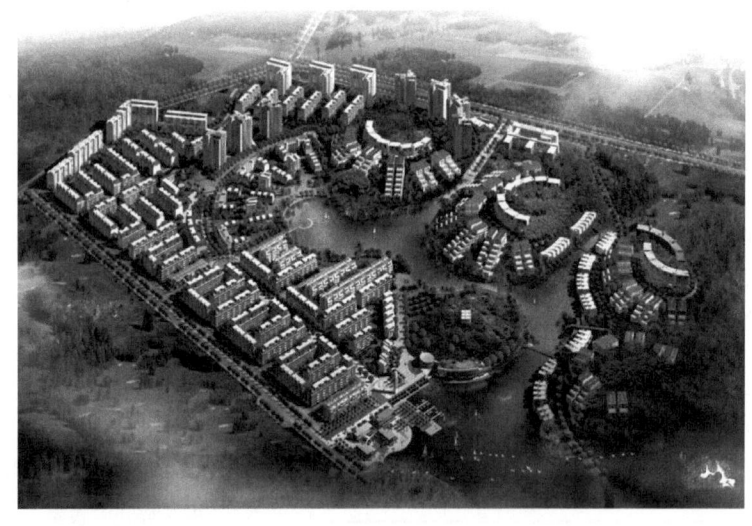

图 1-1　组团分布示意图

2）总体道路规划设计是否合理：如是否兼顾考虑车流的效率性与人流的安全性，是否完全实现了人车分流；停车位数量、车辆出入口数量的规划设计能否满足需要，车流流向设计是否合理。人车分流示意图如图 1-2 所示。

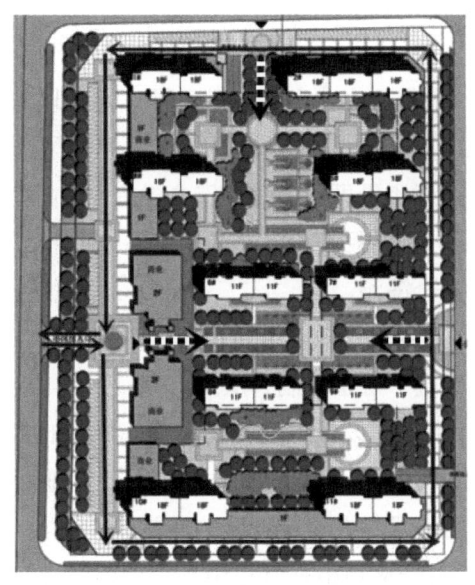

图 1-2　人车分流示意图

3）总体规划设计中建筑物与自然环境是否充分、有效地融合；如采光、通风是否充足，总体环境搭配是否协调、优美。

4）总体智能化管理系统在规划设计中是否完备：如是否采用了先进有效的智能化设备设施管理系统，是否能够兼顾智能化系统管理与有效降低服务管理成本两者之间的总体平衡，智能化管理设备设施系统所配置的品种、型号、规格以及数量能否满足后期物业管理的实际需要。

5）总体安保系统在规划设计中是否完备：如是否采用了先进有效的安保技防设备设施系统，是否兼顾了人防与技防的有效融合，安保设备设施系统配置的品种、型号与数量能否满足物业安全管理的实际需要。

6）总体生活、商业的配套设施规划设计是否能够为业主提供便利：如生活配套设施是否齐全，业主的医疗、出行、购物、儿童教育、休闲娱乐等生活、商业需求是否可以得到充分满足。

7）物业总体共用设施规划设计是否完备：如水、电、气、暖、通信、有线电视等共用设施能否充分满足业主的需求。

8）生态环保问题是否在总体规划设计中得到了充分的重视与反映：如新型环保材料、新型环保工艺、新型环保技术、新型环保设备的引进是否有效匹配。

2. 安保系统规划设计的前期介入

主要评估以下内容：

1）安保系统在规划设计中是否充分实现了日后常态化管理的可控性与有效性：如车辆出入口与人行出入口是否实现了充分隔离并规划了严密的门禁控制系统，从规划设计中是否有效规避了可能出现的安全隐患。

2）安保系统在进行区域分割的规划设计中是否存在管理盲区：如周界防范系统的覆盖是否存在死角与安全漏洞。

3）安保系统的设计规划是否具有多层次性：如是否能够建立多重层次的安全保障措施，能否实现层层管理、层层控制、层层防范。

4）安保设备设施的配置在规划设计中能否满足安全保障的实际需要：如是否与小区的具体情况相符而达到安全管理的有效性，设备设施配置的种类、型号、数量、分布以及结构能否满足物业安全管理的需要。

5）安保人员在实施日常安全巡视检查过程中是否会因为设计规划的缺陷而出现漏检区域与盲点，造成安全隐患。安保系统示意图如图1-3所示。

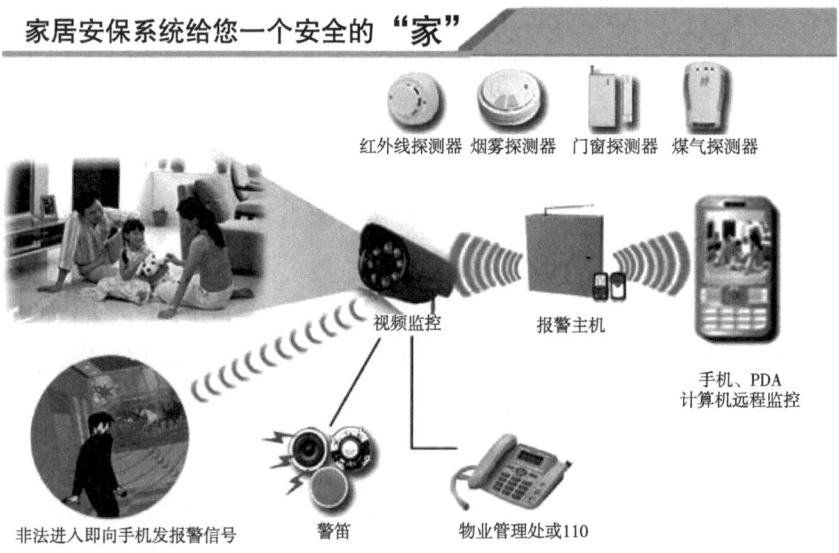

图1-3 安保系统示意图

3. 消防系统规划设计的前期介入

主要评估以下内容：

1）消防系统设备设施的分布与配置在规划设计中是否合理：如灭火器、消防箱、消火栓、消防泵、烟感、自动喷淋等消防设备设施的分布对于区域规划而言是否具有足够的针对性，是否有利于日常消防安全管理工作的开展。

2）道路规划设计是否符合消防安全管理的要求：如消防道路规划设计中的车道宽度、转弯半径等能否满足消防车辆的通行与转弯。

3）消防通道规划设计是否符合消防安全管理的要求：如消防通道口的位置选取不要远离市政道路，同时，便于通行，便于管理；消防通道口远离市场等人口密集区域，消防通道门、墙与通道的规划设计应当符合消防安全管理的要求。

4. 道路交通规划设计的前期介入

主要评估以下内容：

1）小区内各级道路的总体规划设计是否合理：如各级道路的分配在能够满足日后使用的前提下要兼顾考虑便于日常管理，层次分明、功能健全、线路清晰、使用方便。

2）道路及出入口的规划设计是否合理：如在主要道路及主出入口处的规划设计中是否有限速控制设施及标志（住宅小区物业要兼顾标志的观感效果），是否预留有车辆调头的有效空间。社区内道路交通标志示意图如图1-4所示。

图1-4　美观协调的社区内道路交通标志

3）小区内道路的具体规划设计是否合理：如是否充分实现人车分流，是否能有效保障道路交通中人员与车辆的双重安全。

4）小区内机动车车位的规划设计是否合理：如是否区别不同的物业业态规划设计能够满足需求的停车位数量，普通住宅一般保持2:1（2户对应1个车位），高档住宅一般保持1:1；另外，还需要考虑外来访客的临时停车位需求，一般保持在5%左右；室内停车场、室外停车位、临时停车位比例合理，使用方便，便于管理。

5. 生活配置规划设计的前期介入

主要评估以下内容：

1）生活配套中的商业配套规划设计是否考虑避免产生扰民的现象：如商业配套在规划设计中要尽量将商业经营区域集中，如果是利用住宅底层开发商业配套，则出入口、通道、楼梯等配套设施在规划设计中必须分开。底商设计示意图如图1-5所示。

图1-5 规范统一的底商设计

2）生活配套设施分布的规划设计是否充分考虑周边的状况：如是否考虑周边已具备的市政、公用、基础、商业等配套设施的分布及成熟状况，在设计规划中应当避免重复建设而导致利用率低的情况。

3）生活配套设施功能的规划设计是否考虑现实状况：如是否结合小区的特点、业主的特性来规划设计超市、学校、幼儿园、医疗、邮政、金融机构、文化娱乐、餐饮等生活配套设施的功能。

4）功能性会所的规划设计是否合理：如会所的选址、面积、档次、经营的项目等结合小区的定位与业主的需求分析是否科学合理。一般而言，开发面积在10万 m^2 以上的小区可以考虑设置健身、阅览、儿童活动等多功能会所，面积一般在 400~500m² 较适宜，在此基础上每增加 10 万 m²，会所面积可相应增加 200~300m²。

6. 设备设施系统配置规划设计的前期介入

主要评估以下内容：

1）公共照明系统的规划设计是否合理：如外围公共区域、楼道内、消防楼梯间照明的规划设计从数量配置、位置设置、节能装置等方面是否科学合理，紧急疏散照明、疏散指示标志等设计规划是否符合国家规范标准，规范标准如图 1-6、图 1-7 所示。

图 1-6　紧急疏散照明

图 1-7　紧急疏散指示标志

2）设备设施配置的规划设计是否合理：如水、电、气、暖、通信、电视、污水处理等设备设施的配置能否满足后期业主使用与方便物业服务管理，同时，结合物业项目的未来发展规划，是否留有必要的增容、扩容余地。

3）设备设施选型的规划设计是否合理：如配电、水泵、空调、电梯等设备设施系统应当依据物业的具体情况选择合适的型号与成熟的品牌。

4）公共设施的规划设计是否合理：如管井、沟渠等公共设施的选址与配置的规划设计是否有利于后期物业管理过程中的日常维护与保养。

5）公共设备设施间的规划设计是否合理：如配电室、水泵房、电梯机房、空调机房的规划设计是否符合国家标准规范；如水泵房不应设置在住宅建筑物内，给水水泵房不应有污水管道穿越，电梯立井不应紧邻卧室，并应设置隔音装置等。

7. 智能化系统规划设计的前期介入

主要评估以下内容：

1）中央智能化控制系统的综合性能评估：如中央智能化控制室选址的规划设计应考虑尽量设置在小区的核心位置，综合布线应当充分考虑避免由于与中央智能化控制室的距离较远而发生信号衰减的情况。

2）网络智能化系统的综合性能评估：如内部局域网络的运行、电子信息平台的设置、物业管理网络平台的建立以及远程网络控制系统的效能等，各网络智能化系统在规划设计上是否存在缺陷。

3）安保智能化系统的综合性能评估：如评估周界防穿越系统、门禁可视对讲系统、小区巡更点检系统、视频监控系统、停车场道闸管理系统、电梯轿厢内紧急呼叫系统、家居安防系统等各系统规划设计的完备性，日常运行的可靠性与安全保障的实效性，以及各系统之间的联动性与兼容性等。

4）智能化系统选型规划设计的评估：如应当从未来长期发展的角度评估各智能化系统在规划设计时是否充分考虑其先进性、标准性、可扩性与兼容性。智能系统示意图如图1-8所示。

8. 房屋单体规划设计的前期介入

主要评估以下内容：

1）户型结构规划设计的评估：如是否与未来业主的定位相统一，是否能够尽可能符合业主的生活习惯，未来装修时是否尽可能减少砸墙、重新分割等现象。

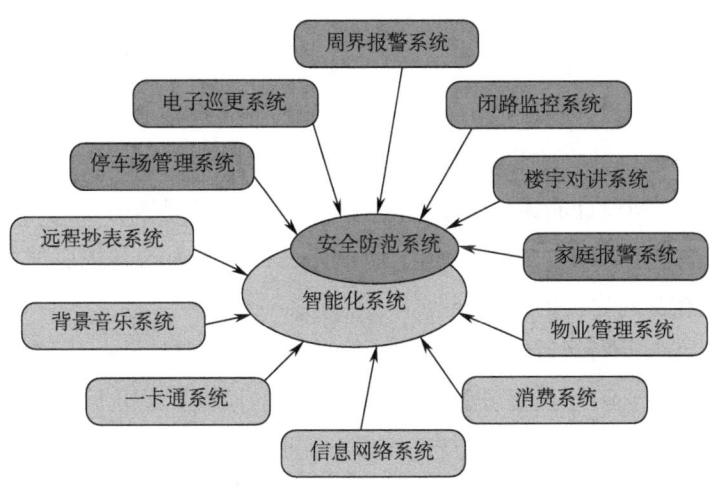

图 1-8 智能系统示意图

2）厨房规划设计的评估：如规划设计时是否考虑生活中清洗、加工、烹饪的流程；操作台的尺寸、位置是否方便使用（操作台预留位置通常不小于 2m）；燃气热水器的位置是否预留，是否便于后期安装；灶具的位置是否与窗户保留一定的距离，利于防风；厨房墙壁是否考虑防水；地漏是否便于检修；预留烟道的位置是否便于后期安装抽油烟机等，如图 1-9 所示。

图 1-9 厨房预留烟道位置

3）管线规划设计的评估：如各类管网、管道、管线布局的规划设计是否合理，相互之间有无干扰，尺寸与规格是否符合国家标准规范要求，管道井检查口的规划设计是否合理，是否便于日常检修。

4）阳台规划设计的评估：如阳台护栏的尺寸、规格、栏距等是否满足安全使用的要求，是否具有防儿童攀爬的功能设计。

5）外窗规划设计的评估：如外窗规划设计的尺寸是否方便使用，可否容纳空调外挂机的进出；是否考虑隔声、防水；是否会因为与其他房屋窗户的距离较近而产生相互间生活的干扰。

6）卫生间规划设计的评估：如卫生间的门不可直对卧室，以避免日常生活中异味进入卧室；卫生洁具安装尽量避开卧室的墙壁以防止卧室受潮；卫生间墙壁的规划设计是否充分考虑防水；地漏、管线等是否便于检修等。

7）空调机规划设计的评估：如室内空调机位置的选取要综合考虑未来家具摆放及装修；卧室壁挂式空调机的安装位置避免对卧床直吹；外挂机安装位置兼顾安全、美观与便于维修，同时避免风机对其他窗户直吹；冷凝水的排放与收集方便、合理；室内空调通孔的预留位置选取合理（一般距离地面高度为 2.2m 左右，向外倾斜 10°左右），如图 1-10 所示。

图 1-10　空调机预留电源与孔洞位置

8）房屋单体其他方面规划设计的评估：如插座、开关的位置选取应当结合未来业主的装修状况与家电的分布；电视、网络、通信等插口应当考虑客厅、卧室、书房的合理分布；跃层住宅应考虑上下层之间的对讲等。插座预留位置如图 1-11 所示。

图 1-11　插座预留位置

9. 绿化配置规划设计的前期介入

主要评估以下内容：

1）总体的绿化率及规划分布是否合理：如总体绿化率的规划设计是否符合小区的档次与定位，规划设计分布是否均衡，集中绿地的选址是否具有针对性，是否有利于业主的生活与休闲。

2）总体绿化配置的规划设计是否合理：如各类灌木、乔木、花卉、草坪等配置的层次是否丰富，整体造型是否美观，品种搭配是否协调，如图 1-12 所示。

图 1-12　绿植设计与种植需要有层次

3）树木栽种选址的规划设计是否合理：如是否会对建筑物产生遮光；是否便于行人行走与车辆通行；是否符合行人的日常行走习惯；高大乔木是否集中于主干道两旁；邻近建筑物的阳台、卧室面是否避免种植植株较大的乔木等。

4）绿植品种的选取是否合理：如选取的绿植是否适应当地的气候与土壤的土质；与当地的生长期是否相匹配；成活率、抗病虫害的能力是否良好；是否有利于后期养护，是否会增加后期日常绿化养护的成本支出；是否会对环境产生污染，对居住人群的健康产生不良影响；多尘土地区是否选取了吸尘能力强的绿植，而多风沙地区是否选取了抗风能力强的绿植。

10. 景观配置规划设计的前期介入

主要评估以下内容：

1）总体景观配置与分布的规划设计是否合理：如景观的配置与分布在规划设计时是否考虑了人群的疏密因素，重要景观是否规划设计在小区内人群的主要集中区域。

2）景观安全性的规划设计是否完备：如水系、水景深度不宜超过 1m；景观周边应当规划设计安全防护措施与安全警示标志；特殊景观区域应当配置必要的紧急救援设备与设施。

3）水景的规划设计是否合理：如水景在规划设计时是否充分考虑了当地的水质、水源；是否有利于后期的清洁、排泄、补水、维护与管理；岸床是否在规划设计时设置了有效预防渗漏问题等措施，如图 1-13 所示。

图 1-13　水系周边必须设置安全警示标志

4）景观装饰材料的规划设计是否合理：如景观的装饰材料是否便于后期、长期的清洁养护，规划设计中尽量不要选取易损、易腐蚀、易变性的装饰材料，如玻璃、木质材料等。

5）景观照明的规划设计是否合理：如景观照明要求兼顾美观与节能，泛光照明在规划设计时要避免形成光照污染，影响业主的正常生活。

11. 公共区域规划设计的前期介入

主要评估以下内容：

1）公共区域分布的规划设计是否合理：如公共活动集中场所的选取是否有利于后期社区文化活动的开展，同时，还需要兼顾考虑避免对业主正常生活秩序的干扰。

2）公共区域功能的规划设计是否合理：如雨水排泄措施的规划设计是否合理；绿化及保洁取水口的规划设计是否有利于日常工作的进行，取水口的位置距离操作地点不超过150m；各类计量表具的规划设计是否有利于日常计量与检查；室外信报箱是否有避雨功能，如图1-14所示；各类出入口是否设计了残障人无障碍通道；较陡的坡道是否设计有扶手等安全保护措施等。

图1-14　室外防锈金属信报箱

12. 生态环保规划设计的前期介入

主要评估以下内容：

1）对小区总体生态环保的规划设计进行综合评估：如是否利用规划设计而

创造出小区整体的自然环保与生态平衡。

2）对污染源识别进行综合性评估：如能否有效地识别小区规划红线内外部直接或间接污染源，在规划设计时是否采取有效措施规避或降低影响。

3）对污水处理环保功能进行综合性评估：如污水处理及排放的规划设计是否符合国家标准规范要求。

4）对无污染能源的规划设计进行综合性评估：如能否合理、有效地利用太阳能、风能等无污染能源。

5）对垃圾处理环保功能进行综合性评估：如垃圾的收集是否进行分类处理；评估能否采取生物化学垃圾处理技术降低对环境的污染程度。

13. 物业用房规划设计的前期介入

主要评估以下内容：

1）物业用房的选址是否合理：如综合评估物业用房规划设计中是否位于方便业主办理物业服务事务的合理地点，如小区中央等位置。

2）物业用房的规模是否合理：如规划设计中地面部分不低于物业用房总面积的50%；物业用房面积不低于建筑总面积的2‰，且不低于100m²。

3）物业用房的功能是否合理：办公室、会议室、操作间、客房、员工宿舍与食堂等功能是否相对齐全。

14. 新材料与新工艺、新技术的引进规划设计的前期介入

1）综合评估规划设计中将引进的新材料、新工艺与新技术的成熟度。为了降低使用过程中的风险与不确定性，避免选用技术上不完全成熟，市场上出现时间较短的新材料、新工艺与新技术。

2）综合评估规划设计中将引进的新材料、新工艺与新技术与本小区其他材料、工艺与技术的匹配度；避免日后出现不兼容、不匹配的情形。

3）综合评估规划设计中将引进的新材料、新工艺与新技术长期维护保养成本的合理度，避免日后过高、不合理的成本费用支出。

4）综合评估规划设计中将引进的新材料、新工艺与新技术备品配件补充供应的充足度，避免出现备品配件供应出现断档而影响物业服务的正常运行。

参考资料1：规划设计阶段物业管理前期介入实例

下面，介绍一个规划设计阶段物业管理前期介入的实际方案，以供学习与参考。

××物业项目规划设计方面物业前期介入建议报告

针对××物业项目，××物业服务有限公司从未来业主正常使用与物业服务管理工作顺利进行的角度出发，在制订科学、合理、有利于运行的物业服务前期介入具体工作计划的前提下，经过对××物业项目规划设计方面的调研与分析，现提出如下建议报告。

1. 总体规划设计的建议

1）整体规划设计中功能分布存在不合理。

① 别墅与普通高层住宅的组团分布过分融合（交叉组团），不利于后期为不同业态的业主提供差异性服务。

② 商业配套中缺少餐饮服务项目，不利于在后期为业主提供生活上的便利。

③ 规划设计中商业与居住建筑未分开，商业经营中的霓虹灯、广告牌、油污、排污、空调机热风等将会对业主日后的正常生活产生干扰。

④ 商业与住宅的配套设施，如地下车库未分开设置，会对业主日后的正常停车秩序产生干扰。

⑤ 经营性公寓的出入口未纳入小区安全管理的范围，不利于日常管理。

⑥ 幼儿园距离小区大门及市政道路较远，投入运营后，将会对小区的正常秩序产生干扰；生活用房距离其他建筑物的距离过近，将产生噪声扰民。

建议：在规划设计中避免别墅与高层住宅各组团混合搭配，可采取独立围合方式处理；完善商业配套项目，规划中增加餐饮服务配套设计；商业建筑与住宅建筑及配套设施应当分开，避免互相干扰；将经营性公寓的出入口规划纳入小区的安全范围内；幼儿园应当规划在小区的边缘部位，车行路线最好能与市政道路连接，幼儿园生活用房与其他建筑物直线距离应当保持在18m以上。

2）整体道路规划存在安全隐患，未完全实现人车分流，只考虑了加速车辆通行的因素，而忽略了人流通行的安全性。

建议：小区规划设计应当实现人车的完全分流，个别道路应当根据车流流向规划为单行线路。

3）物业管理用房的规划设计中的选址及建设进度不合理，在规划设计中，物业管理用房将位于小区最南端，且在地下一层，并且在三期开发完成后才能交付使用，不利于业主办理物业服务管理相关业务。

建议：物业管理用房规划设计在小区中央部位，保留不低于50%以上的地面面积；优先建设，在一期建设完成后即交付物业服务企业使用。

2. 安保系统规划设计的建议

1）小区封闭围栏未规划设计防攀爬功能，并且不具备与周界系统的联动功能，在日常安全管理中存在隐患。

建议：小区封闭围栏规划设计高度应当达到2.5m以上，间隙小于10cm，并与周界系统能够保持联动。

2）监控中心与消防控制中心在规划设计中不能在一期开发完成后就交付使用；监控探头的数量与分布地点不能完全满足后期安全管理的要求。

建议：监控中心与消防控制中心应当规划设计在一期开发完成后即可交付使用；监控探头、楼顶云台的数量与分布地点需要进行调整，应当达到满足后期安全管理的要求。

3. 消防系统规划设计的建议

消防通道规划设计不符合消防安全管理的要求：消防通道的位置距离市政道路较远，在发生火灾时不便于消防车辆快速达到；消防通道口临近农贸市场，不利于日常管理，容易发生堵塞消防通道的现象。

建议：消防通道位置应当规划设计在距离市政道路较近的地点；消防通道口应当规划设计在远离人流密集区域，有利于日常保持畅通，并设置消防通道警示标志，如图1-15所示。

图1-15 消防通道警示标志

4. 道路交通规划设计的建议

1）出入口的规划设计存在不合理，主出入口在设计规划中为 5 个，对于 10 万 m² 的小区而言是极不匹配的，大幅度增加了日常物业服务管理成本。

建议：出入口规划设计调整为 2~3 个（最多 3 个），并且选择距离市政道路较近的地点预留消防车辆专用通道。

2）人行道的设计规划存在不合理：面砖选材未采用防滑材料（这一点在冬季寒冷的北方地区尤为重要），人行道排水口的数量与位置不合理，容易产生积水。

建议：人行道面砖规划设计中采用防滑材料；人行道排水口数量及位置进行调整，避免产生积水的现象。如图 1-16 所示。

图 1-16　防滑人行道面砖

3）机动车车位的设计规划存在不合理，本小区为普通住宅与高档住宅混合业态，区位又属城市二类地区，车位配置的设计规划为 3∶1，这样的配置比例无法满足业主的实际需求。

建议：机动车车位规划设计调整为 1∶1；另外，还需要考虑外来访客的临时停车位需求。

4）地下车库出入通道的设计规划存在不合理，地面与坡道选材不利于冬季防滑。

建议：地下车库的地面与坡道，选材在规划设计中要充分考虑冬季防滑因素。

5）小区主出入口处人行出入口未设计具有防尾随功能的设施，容易出现安全管理漏洞。

建议：小区主出入口处人行出入口规划设计防尾随功能的设施。

5. 生活配置规划设计的建议

1）商业配套在规划设计中存在不合理，住宅底层商业配套的出入口、通道、楼梯未与居民住宅分开，易产生扰民现象。

建议：住宅底层商业配套出入口、通道、楼梯与居民住宅实现完全分开，避免产生扰民。

2）功能性会所的规划设计存在不合理，如游泳池深度规划设计较深，为2m，而深、浅区域分隔标示不明显。

建议：游泳池深度规划设计不超过1.5m，深、浅区域设置明显分隔标志及相应设施。

6. 设备设施配置规划设计的建议

1）公共设备设施间的规划设计存在不合理：配电室规划设计在水景下方，水泵房设置在地下一层，没有规划设计隔声、降噪装置；检查井规划设计在小区的主出入口处，不利于日后进行检查与维修。

建议：设备间（电梯机房、水泵房、发电机房、配电室等）规划设计时尽量避免在住宅附近，或水景、游泳池、排水管密集区域的下方；水泵房规划设计中增加隔声、降噪装置；从日常工作的安全角度出发，检查井规划设计避开主出入口及主干道。

2）公共照明系统的规划设计存在不合理：路灯与建筑物的距离过近，易产生安全隐患，对居民正常生活产生干扰；地下车库未采用节能照明装置。

建议：地下车库规划设计中采取部分自然采光与自然通风，降低能耗的同时，有效改善地下车库的空气质量；路灯与建筑物的距离规划设计应当保持在1.5m以上。

3）商业配套设施的规划设计存在不合理，没有充分考虑后期此类业主的实际使用状况，电气容量的基数较低，不利于后期增容、扩容。

建议：商业配套设施的电气容量基数在原规划设计上提高两倍以上。

4）电梯的规划设计存在不合理，电梯门的宽度无法满足业主搬家时家具的出入。

建议：从满足业主入住、装修及日常使用的角度，调整、改变电梯的规划设计。

7. 智能化系统规划设计的建议

智能化系统选型规划设计存在不合理，规划设计中选择的智能化系统虽然具有相当的先进性，但其与其他系统的兼容性受到多方面制约。

建议：调整原规划设计中智能化系统选择的型号，引进与其他智能化系统兼容性较好的系统型号。

8. 房屋单体规划设计的建议

1）外窗的规划设计存在不合理，外窗规划设计的尺寸较小，此外，与其他房屋窗户的距离较近。

建议：从方便业主使用的角度重新规划设计外窗的尺寸，同时，调整与其他房屋窗户的距离，避免业主间相互干扰。

2）空调机的规划设计存在不合理，室内空调机孔的预留位置选取不合理，距离地面高度较低，向外无倾斜。

建议：室内空调孔的预留位置距离地面高度为 2.2m 左右，向外倾斜 10° 左右。

9. 绿化配置规划设计的建议

1）绿植品种选取的设计规划存在不合理：选取的绿植虽然美观，但不适应当地的气候、土质；同时，成活率低，抗病虫害能力差，不利于后期养护。

建议：调整规划设计中的绿植品种，选取适应当地的气候、土质，成活率高，抗病虫害能力强，利于后期养护的品种。

2）树木栽种选址的规划设计存在不合理，景观乔木与建筑物的距离过近，会对建筑物产生遮光，同时易于攀爬，产生安全隐患。

建议：高大乔木集中于主干道两旁；邻近建筑物阳台、卧室面避免种植植株较大树种；景观乔木与建筑物的距离保持在 1.5m 以上。

10. 景观配置规划设计的建议

1）整体景观装饰分布的规划设计存在不合理，景观分布在规划设计时疏忽了人群疏密因素，重要景观未规划在人群集中区域。

建议：调整原规划设计中的景观装饰分布的方案，将重要景观规划在日常人群集中区域，以增强景观的实用性，避免资源浪费。

2）景观装饰材料的规划设计存在不合理，休息椅、水面通行栈桥等景观装饰采用木质材料，不利于后期、长期的养护。

建议：外部景观装饰不要选取易损、易腐蚀、易变形的装饰材料。

3）水景的规划设计存在不合理：水景的整体比例较大，与当地的水质、水源状况不符；同时，由于小区所处地理位置等原因，后期清洁、排泄、补水、维护与管理难度较大；水景的规划设计深度也存在安全隐患。

建议：在规划设计中减少水景的比例，改变原规划设计中选取的水景具体的位置，改选岸床条件较好的地点，同时采取有效预防渗漏的措施。此外，水系、水景规划设计的深度不宜超过1m，并配置必要的紧急救援设备与设施。

11. 公共区域规划设计的建议

公共区域功能使用的规划设计存在不合理，绿化及保洁取水口的规划设计不利于日常工作的进行；室外信报箱设计中没有避雨功能。

建议：取水口位置距离操作地点规划设计在150m以内；室外信报箱在美观的基础上还应增加避雨功能设计。

12. 生态环保规划设计的建议

垃圾处理系统的规划设计存在不合理，垃圾收集站规划在地下停车场，容易污染地下停车场的空气，同时不便于垃圾车辆运送垃圾。

建议：垃圾收集站规划设计在小区边缘与市政道路的连接处，同时考虑夏季风向，降低对小区环境的污染。

13. 物业用房规划设计的建议

物业用房规模的规划设计存在不合理：在规划设计中物业用房全部位于地下一层，无配套通风设施，且总面积较小，$60m^2$；此外，没有员工宿舍、食堂、工具间、物料仓库等用房。

建议：物业用房面积达到$100m^2$；办公室、会议室等功能相应齐全。此外，建立员工宿舍与食堂，两者距离不宜较远，不要规划在地下室，应当具备排烟与排污功能。

第二课　营销策划阶段物业管理前期介入的要点

营销策划阶段物业管理前期介入主要包括以下8个方面：

1. 物业服务管理方案策划的前期介入

主要规划与设计以下内容：

（1）收集与整理物业项目概况等基础信息

这些基础信息包括：

1）物业服务管理项目所处的地理位置。

2）物业项目开发商、建筑商的基本信息。

3）物业项目总占地面积、总建筑面积、外围绿化面积、总楼幢数等基础数据资料。

4）物业项目园林景观、配套设施等方面的基本情况。

5）物业项目的内外部停车位数量，主要通道及出入口等基本情况。

6）物业项目竣工验收的时间与交付使用的时间等。

通过对物业服务管理项目概况主要内容的收集与整理，对即将接管服务的物业服务项目基本情况进行科学的分析与研究。在此基础上，对物业服务管理项目进行服务管理基本定位规划，根据服务需求、现实条件与基本特点，规划设计基本服务目标，预测目标实现的现实可行性。

同时，物业服务管理项目概况信息的收集与整理，也为物业服务企业下一阶段的人员、设备、资金等服务资源的配置预测，准备基础数据资料。

（2）规划设计物业项目服务管理总体思路与具体的服务管理模式

通过对物业项目业主群体的突出特点分析，结合项目的特性与条件，对服务整体规划进行准确定位，并设计服务管理的总体定位与具体的管理思路。

（3）规划与设计物业服务管理的目标

根据物业服务项目实际软硬件条件及物业服务企业自身服务管理的水平，同时结合所处地域的特点及经济发展现状，明确提出合同期内的总体服务目标，分别做出各期间的具体服务管理目标承诺。

（4）规划与设计物业服务的标准

物业服务的标准是物业服务管理工作的基础，要结合物业服务项目的现实条件与特点，提出各职能专业、详细、可行的具体服务标准作为服务管理工作的指导纲要。

（5）规划与设计物业服务管理的组织机构方案

通过对物业服务项目的服务管理定位，规划与设计适合该项目的组织管理机构设置以及人员编制方案。

具体内容包括：

1）根据物业服务管理项目工作进度，确定物业服务管理人员进入时间节点计划。

2）设计科学合理的人员配备方案。

3）确定服务管理人员的岗位要求。

4）规划与设计具体明晰的组织机构与人员编制架构。

（6）规划与设计物业服务管理作业指导书

结合物业服务企业的质量体系文件，规划与设计具体项目落地化、可操作化的、多层次的服务管理作业指导书。

（7）规划与设计物业项目服务管理基础条件、装备并制订设备设施计划

物业项目服务管理的基础条件，主要是指为了给业主提供符合标准的物业服务，同时，也为了保证物业项目服务管理各项工作的正常有序运行，而需要具备的服务工作基础环境条件与工作装备。

物业项目服务管理基础条件、装备及设备设施计划包括：

①服务管理场地、场所计划；②服务管理宿舍、食堂设备计划；③服装计划；④行政办公设备计划；⑤秩序维护与消防装备计划；⑥维修设备计划（强电、弱电、暖通、给水排水、综合维修等）；⑦清洁绿化设备计划等。

（8）规划与设计服务品质提升方案

主要是针对后期物业服务正常运行阶段的服务品质管理，以持续提升物业服务项目的服务品质为出发点，提出科学、具体、有效、创新的品质提升手段与措施。

2. 物业服务管理经营状况测算的前期介入

主要规划与设计以下内容：

（1）规划与设计物业服务财务管理的基本原则

主要包括以下包括：

1）科学、合理地设立财务管理机构、财务人员及明确工作职责与基本内容。

2）建立规范、透明的财务核算管理体系。

3）有效控制管理成本的措施。

4）财务分级审批管理制度。

5）与服务委托方的财务公开制度等内容。

6）服务管理费及代收代缴费用的收取制度与方式。

（2）进行物业服务管理日常经费收支测算

主要包括以下内容：

1）测算依据及说明。

2）物业服务费收支测算。

3）物业服务费的盈亏分析。

4）增收节支的具体措施。

在对物业服务管理日常经费进行测算过程中，要坚持财务管理的谨慎性原则，最大限度地估计未来可能发生的风险，尤其是各种潜在的经济财务风险，合理并切合实际地确定未来的实际收入水平。

同时，在新的地区接管项目要充分考虑地域间的差别，尤其是风俗文化间的差异，根据项目所在地的客观情况科学地做出分析，确定恰当的不可预测风险准备金。

3.《前期物业服务合同》的签订

前期物业服务管理，是指业主、业主大会选聘物业服务企业之前所实施的物业服务管理。即自房屋出售之日起至业主大会授权业主委员会与物业服务企业签订《物业服务合同》生效之日止，这一阶段的物业服务管理。

《物业管理条例》第二十五条明确规定：建设单位与物业买受人签订的买卖合同应当包括前期物业服务合同约定的内容。

《前期物业服务合同》的签订，是物业营销策划阶段物业管理前期介入的重要工作内容之一，也是《物业管理条例》规定的必要工作内容之一。

4.《临时管理规约》的签订

管理规约，是指由业主大会制定，全体业主承诺，对全体业主具有约束力的，用以指导、规范和约束全体业主、物业使用人、业主大会、业主委员会以及物业服务企业权利与义务的行为守则，是物业服务管理活动的基本准则。

《物业管理条例》第二十二条明确规定：建设单位应当在销售物业之前，制定临时管理规约，对有关物业的使用、维护、管理，业主的共同利益，业主应当履行的义务，违反临时管理规约应当承担的责任等事项依法做出约定。

《物业管理条例》第二十三条明确规定：建设单位应当在物业销售前将临时管理规约向物业买受人明示，并予以说明。物业买受人在与建设单位签订物业买卖合同时，应当对遵守临时管理规约予以书面承诺。

《临时管理规约》的签订，是物业营销策划阶段物业管理前期介入的重要工作内容之一，也是《物业管理条例》规定的必要工作内容之一。

5. 沙盘与规划设计核对的前期介入

对小区模拟展示沙盘的全部内容与规划设计图纸进行逐项核对，重点关注小区围合的方案、各出入口的具体位置、物业管理用房的选址、水泵房与配电室的位置、垃圾中转站的位置等内容。

此项工作的重点是通过核对模拟沙盘与规划设计图纸，找出差误并科学、合理地评估，规避在物业销售阶段由于以上误差所导致的日后物业服务管理的风险，规避业主购买信息错误所导致的物业服务管理纠纷的风险。

6. 对房产销售场所提供服务的前期介入

在房产销售阶段，对房产销售的售楼处与接待中心提供专业化、高品质的服务，在满足房产营销的需求，体现物业服务企业的品质，这也逐步成为物业管理前期介入的一种重要的方式。

在房产销售阶段，对房产销售场所提供服务的主要目标有两个：①满足地产营销需求；②凸显一流服务品质。

7. 物业服务管理模式推广的前期介入

通过对物业项目基本条件、特点以及业主群体服务需求的深入分析与研究，规划与设计具有针对性、具体的服务管理模式，并在物业营销阶段伴随着销售环节予以推广，在正式提供物业服务之前，通过这种前期推广方式，接受社会检验，提前优化调整。

物业服务管理模式推广的前期介入，在充分释放物业服务规划设计信息的同时，有利于增强准业主对物业服务的信任与支持，为后期物业服务的有效提供与满足业主物业使用功能奠定思想意识基础。

8. 销售过程引导与监督的前期介入

在物业销售阶段的前期介入还有一个重要工作，就是监督销售环节中的违规销售行为，引导积极正确的销售策划，规避由此产生的，后期业主使用与物业服务中的不必要的矛盾与纠纷。

物业销售环节中常见的违规销售行为主要表现在违规承诺方面：①违规承诺赠送空间；②违规承诺侵权装修；③违规承诺任意封闭；④违规承诺减免费用。

参考资料2：营销策划阶段物业管理前期介入的实例

下面，介绍一个营销策划阶段物业管理前期介入的实际方案，以供学习与参考。

××物业项目营销策划方面物业前期介入建议报告

针对××物业项目，××物业服务有限公司从未来业主正常使用与物业服务管理工作顺利进行的角度出发，在制订科学、合理、有利于运行的物业服务前期介入具体工作计划的前提下，经过对××物业项目营销策划方面的调研与分析，现提出如下建议报告。

1. 物业服务管理方案的策划

可参考《物业管理方案设计与编写十堂课》一书。

2. 物业服务管理经营状况的测算

可参考《物业管理方案设计与编写十堂课》一书。

3. 沙盘与规划设计核对的前期介入

对小区模拟展示沙盘的全部内容与规划设计图纸进行逐项核对后，发现如下问题，应当进行补充。

1）沙盘中未制作、标示小区东出入口的具体位置。

2）沙盘中未制作、标示垃圾中转站的具体位置。

4.《前期物业服务合同》的签订

依据《物业管理条例》中对住宅的前期物业服务实行强制招标投标的管理制度，依法履行法律规定的招标投标程序，签订《前期物业服务合同》，并且在物业销售过程中，依法向物业买受人公示。

××物业项目执行国家对普通住宅物业服务费的收费标准实行的审核制度；物业服务收费标准报物价行政主管部门审批。

5.《临时管理规约》的签订

依据《物业管理条例》中的规定制定《临时管理规约》，并在物业销售过程中依法向物业买受人公示，并予以说明。

6. 对房产销售场所提供服务的前期介入

对房产销售的售楼处与接待中心提供满足甚至超越营销双方预期需求的服务，这是物业服务在营销策划阶段中的重要工作内容之一。

7. 物业服务管理模式推广的前期介入

可参考《物业管理方案设计与编写十堂课》一书。

8. 销售过程引导与监督的前期介入

在销售环节中发现销售人员承诺赠送楼顶平台的违规销售行为，违反了《中华人民共和国物权法》的相关规定，建议立即停止此类行为，并采取积极有效措施，尽快消除影响。

第三课 施工图纸会审阶段物业管理前期介入的要点

1. 总规划图纸会审

主要会审以下 7 个内容：

1) 会审出入口设计图纸，如图 3-1 所示。重点关注：小区出入口位置选择

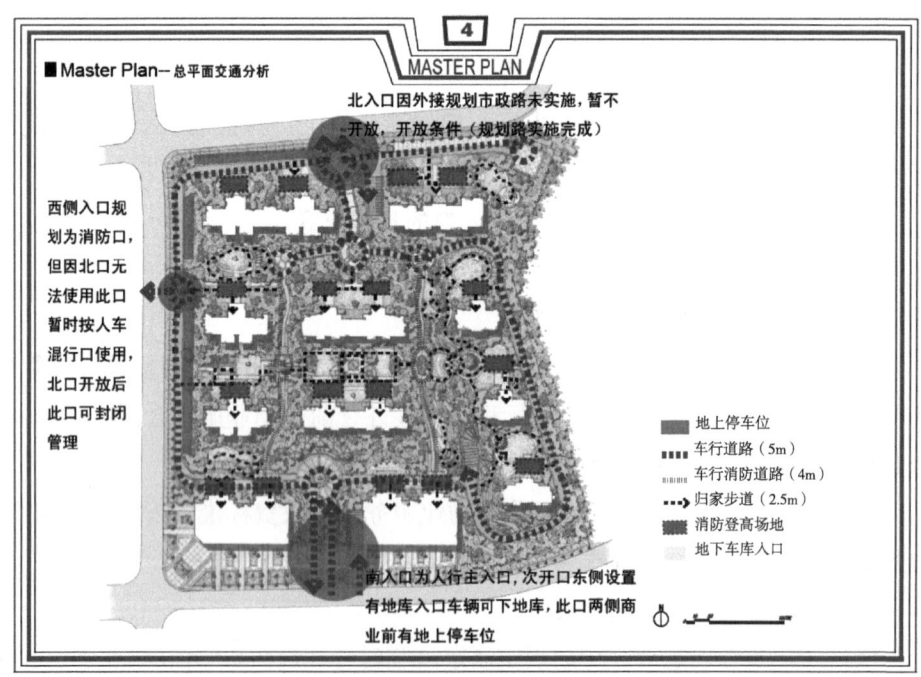

图 3-1 车辆及人行出入口设计图

和数量配置的合理性,一般小区应当设置 2~3 个出入口,超过 40 万 m² 的小区可以考虑设置 4 个出入口;实行人车分流,同时结合实际情况考虑预留摩托车道和消防车道。

2) 会审封闭围合图纸。重点关注:围墙、围栏的设计必须具有防攀防钻功能,如图 3-2 所示;尽可能将所有的分散管理口纳入小区管理区域内统一管理。

图 3-2　坚固安全的围栏

3) 会审商业配套规划图纸。重点关注:商业配套及相应设施应独立设置各自的区域,充分考虑广告照明、空调机位、商业排污以及经营状况对业主生活的影响。同时,商业车位与住户车位必须分开设置,减少彼此干扰,便于加强管理。

4) 会审垃圾收集站规划图纸。重点关注:垃圾收集站选址应当避开主要的人流区域,同时考虑夏季风向等因素;建议规划设计在小区的边缘和市政道路接口处的隐蔽部位,注意不应规划设计在地下车库内,以免清理垃圾时产生异味,影响地下车库的空气质量。

5) 会审商业会所规划图纸。重点关注:商业会所是否设置在交通方便的位置,规划设计时需要充分考虑后期对外经营管理的实际状况。

6) 会审活动广场规划图纸。重点关注:小区活动广场规划设计的具体位置,规划设计时应考虑小区社区文化活动及老年人休闲健身活动的实际需求,同时，要避免对附近业主的生活产生不利影响与干扰。

7）会审物业管理用房规划图纸。重点关注：物业管理用房的具体位置及面积（包括物业服务中心、监控中心、员工生活用房等），地面一层的比例，通风、防噪情况；服务中心及监控中心应当尽量设置在小区中心，并可在一期开发结束时就能交付使用；操作间、食堂与员工宿舍的具体位置及面积，应选择通风、采光良好的位置，不宜设置在地下室，员工生活区应考虑设计烟道、隔油池、排污预留口等必要因素。

2. 土建\建筑施工图（单体）会审

主要会审以下6个方面：

（1）首层平面图

主要会审以下8个内容：

1）单体图是否与沙盘展示及项目规划总图保持一致。

2）通往大厅开门的数量及门的宽、高是否能满足使用要求。

3）各类管井的位置及井口的宽度是否便于后期使用与维护。

4）消火栓设置的具体位置是否符合国家强制性规范要求与后期使用。

5）大门的具体做法，单扇、双扇的宽度以及总体数量是否满足后期的使用。

6）残疾人坡道、扶手、栏杆与标高是否合理，如图3-3所示。

图3-3 方便使用的残疾人坡道

7）大堂入户门飘板的做法。

8）物业管理用房、员工宿舍、饭堂、设备间等位置是否在单体图上反映，特别要关注食堂烟道预留、给水排水的设置是否满足具体使用要求。

（2）地下室平面图

主要会审以下 3 个内容：

1）各类设备间的具体位置分布、标高、面积，尤其要结合施工图会审配电房标高是否符合当地供电部门的具体要求。

2）车场出入口缓冲的施工方法是否符合规划设计标准，地下负一层通向车库的开门数量及门禁安装的情况是否满足后期业主的使用与物业安全管理的要求。

3）关注各电梯井与电梯集水井的相对位置，电梯集水井是否避开了负一层电梯厅以及地下车位、车道。

（3）标准层设计图

主要会审以下 12 个内容：

1）入户大堂中各种管井的具体位置及门的宽度，消火栓的位置，通风、采光情况及窗的款式是否合理。

2）空调机预留的位置、构造、尺寸、排水、反坎等能否满足功能性需要，如图 3-4 所示。

图 3-4　预留空调机位

3）外立面空调机位与户内结构分布中具体的摆放位置是否相符。

4）公共区域窗户是否设置开启限位，限位器是否能够达到控制开启的作用，如图3-5所示；消防楼梯上三层下三层是否设置防盗窗。

图3-5　窗户限位器

5）地下室车库与入户大堂是否设置残疾人通道，通道是否符合国家标准。

6）给水、污水、雨水、空调排水管的设置是否会影响阳台、露台的整体美观。

7）对生活阳台的功能进行检查与复核，特别需要关注露台、阳台、院门的门上是否设置了防雨篷。

8）根据户型结构，分析室内、室外空调机及空调排水管布置是否合理。

9）室内墙面是否预留空调排水管孔洞。

10）高层住宅楼梯踏步尺寸是否符合标准，通常为宽度26～27cm，高度17～17.5cm。

11）高层住宅楼梯间的玻璃窗从安全角度考虑，建议设置为非落地玻璃窗，窗户可通风，距离地面的高度为1.1m以上。

12）地面与台阶颜色、材质相近时，需要设置安全警示标识，如图3-6所示。

（4）天台设计图

主要会审天台水池的设置情况；有无电梯机房门上方的飘台、机房的散热

图 3-6 台阶警示标识

预留孔洞；关注楼梯的做法以及是否预埋清洗吊环等内容。

(5) 立面设计图

主要会审以下 5 个内容：

1) 建筑物外立面装饰材料是否符合安全要求。

2) 空调机位外立面的百叶是否符合标准要求，是否安全、适用。

3) 立面设计图中的装饰线条是否美观、协调、安全。

4) 立面选材是否合理（要结合所处地域，充分考虑后期外立面维护的方便性与有效性，以及日常使用的安全性，如防止脱落，造成安全事故等）。

5) 阳台栏杆的高度，如外廊、室内回廊、内天井、上人屋面栏杆的高度应不低于 1.2m。

(6) 商铺设计图

主要会审以下 5 个内容：

1) 商铺是否独立于小区之外，车辆、行人的日常管理是否与小区居民相互独立，不会对业主的日常生活产生干扰。

2) 商户的层高是否超过 6m，电气容量的基数是否提高了 2 倍以上。

3) 商铺广告位设计图纸中广告位的面积能否满足现实经营需求；商铺广告牌是否统一规格，核心商业区的广告灯箱与霓虹灯的设置能否避免对住户产生灯光污染，是否进行单独计量。

4）商业空调、烟道、给水排水、电、气的设计图纸中，商铺是否每户拥有独立水、电、气计量表具。

5）餐饮服务区域的给水排水管线是否加大了管径，是否统一设置了隔油池，污水排污井能否直排放到市政管道内。

3. 电气施工图会审

主要会审以下 4 个方面：

（1）系统总图

主要会审以下 11 个内容：

1）是否按负荷等级、分类设计供电电源，供电电源是否符合国家设计规范。

2）系统图中计量表具的设置与供电局的要求是否相符。住宅、商业、电梯、公共照明及其他公共用电设施在电表箱内是否设置单独的计量表具，专变低压柜是否按出线回路设置电表；变配电系统设计是否符合当地供电部门的具体要求。

3）系统图中回路负荷与下一级配电箱是否相符。

4）系统图中上一级配电箱出线回路导线（电缆）型号、规格及回路编号与下一级配电箱进线是否相符。

5）系统图与平面图是否相符，是否存在回路编号、回路数、配电箱编号及数量与平面图不符等问题。

6）生活水池、消防水池、污水井溢位信号以及市电信号、柴油发电机起动信号等能否正确传送到消防控制中心。

7）各类电表、开关、电线设计容量及直径宽能否满足功率需求。

8）公共配电是否单独计量，各类设备控制柜是否有独立计量装置。

9）电梯机房、重点设备房、应急照明等是否设计为双电源，发电机供电范围及双电源能否在末端进行切换。

10）会审住户电表容量及线径的大小，楼层电箱的分布，电井内设施的设置情况是否符合设计规范。

11）会审开关与线路配合的合理性，开关能否保护线路，带漏电保护的断路器位置和极数，漏电电流选择是否得当。

（2）地下室动力/照明平面图

主要会审以下 7 个内容：

1）设备房设计的具体位置及强弱电井设计的尺寸应当满足设备使用空间的需要；设备房应当配置备用电源，关注设备的具体摆放数量及位置。

2）电表房（箱）的位置设计是否合理，能否避免对建筑物整体协调美观的影响，并且操作方便。

3）如配电房位置设置在一层，则必须考虑采取隔声降噪处理措施。

4）配电箱、控制箱安装的位置是否合理，桥架走向及安装的位置是否合理。

5）强弱电井是否设置在公共区域，注意：不得设置于私家住户花园内，关注电井是否设置了检修照明灯和插座。

6）地下车库是否考虑了车道灯和车位灯不同的回路控制（分1/4、1/2、全开），室外园林照明相邻两盏灯具是否分开回路控制。

7）消防楼梯间是否采用人体感应开关控制灯具的照明系统（要求使用三线制感应开关）。

（3）发电机房设计图

主要会审以下5个内容：

1）发电机负荷能否满足小区智能化系统、消防电梯、监控中心、公共照明、公共新风系统、消防系统的工作需要。

2）发电机房的空间和位置是否合理，噪声和排烟是否对建筑功能存在不良影响；散热、排烟、储油量、储油间通气管、荷载等能否满足要求；排风与发电机是否具有联动功能，并具有延时保护作用。

3）发电机、排烟风机能否联动并具有延时停止设置，发电机排烟是否会影响小区环境。

4）发电机排烟过滤系统是否设置了自动补水装置，是否设置了水位标识。

5）柴油油箱室是否安装防爆灯，设置消防沙、通风口，油箱上是否有透气孔，油箱加油口是否设置在地面装卸柴油的位置并方便加油。

（4）变配电室设计图

主要会审以下6个内容：

1）会审变配电室的土建工程是否符合标准。

2）高压、低压配电室应当配备符合标准的绝缘靴、绝缘手套、高压试电笔、接地线、高压操作杆、专用扳手，高压带电区必须设置警戒线和警示牌。

3）配电室建议配电采用电缆沟/桥架设置方式，增加配电室空间，如图3-7

所示。

图 3-7　配电室

4）配电柜前后柜应配备符合要求的绝缘胶垫，宽为 60cm。

5）变压器上端不得安装照明灯具。

6）注意：配电房与水泵房不能相连，以免水泵房跑水淹至配电房，造成配电设备损坏。

4. 给水排水施工图会审

主要会审以下 5 个方面：

（1）总图

主要会审以下 3 个内容：

1）检查井不宜规划在主入口处；会审各建筑物排出管与总图建筑物排出管是否对应，是否遗漏检查井；生活污水排水管道，不宜在建筑物内设置检查井，如必须设置，则应采取密闭措施。

2）超过 6m 宽的道路两侧应设置雨水口，小于 6m 宽的道路单侧应设置雨水口，如图 3-8 所示；消防电梯基坑与消防电梯集水坑之间应预埋排水管；雨水口不得修建在其他管道的顶部。

3）化粪池埋深不宜超过地下室底板；化粪池的位置应当便于后期作业及维护。

第二部分 物业管理前期介入大课堂

图 3-8 道路单侧设置的雨水口

(2) 地下室/人防地下室设计图

主要会审以下 7 个内容:

1) 消防箱、消火栓的规划设置的位置应当考虑日后避免影响车辆的通行和预留车位的设置,且不影响消防箱、消火栓的正常开启,如图 3-9 所示。

图 3-9 放置在不阻碍车辆行进与停放位置的地下车库消防箱

2）穿越地下室外墙的管道应在墙上预留防水套管，并应标注套管规格、标高及各管道的类别编号。

3）地下车库集水井位置尽可能避免设置在电梯前室、行车道和车位上。

4）地下储水池应分为两部分，中间设置连通管道，保证每台生活水泵均可从两部分水池内取水，减少清洗水箱时对业主正常生活的影响。

5）水泵房内局部设置时，控制室与设备区应当分开，并且控制室与设备区设置玻璃窗与排风系统。

6）变频给水泵、消防泵、污水泵、过滤沙缸等涉及安全隐患和需定期停机检修的设备应至少按"一开一备"的安装设计，会审是否设置了20mm的底座。

7）地下室应设置排水沟，宽度一般为20cm，最小深度为起点15cm，进行0.5%找坡以利于排水，最长为50m左右，接入集水坑，地下室的排水沟不应接入电梯的集水坑内。

（3）平面图

主要会审以下5个内容：

1）会审多层地下室重力排水管道；当地下室地面比室外地面低时，应规划设计排水管止回阀等防止污水倒灌的技术措施。

2）在地下室底板下敷设的管道（重力排水），管径宜放大一号，以减少日后堵塞的可能，降低检修和维护工作的难度。

3）排水管道的走向设计应当避开承重台及地梁，在地下室宜布置清扫口，但不宜设置检查井。

4）地下室或一层庭院花园，应当设置给水龙头及排水措施（排水沟或雨水口），带结构底板的花池都应设置排水措施；地下室顶板如为降板，则应当设置排水措施。

5）布置在车库内的管道，应避免对汽车进出车库产生影响。

（4）地上住宅给水排水部分设计图

主要会审以下8个内容：

1）结合市政给水压力，会审给水分区是否安全可靠。

2）公共区域（清洁、绿化、公厕、泳池、景观等用水）的取水应单独设置计量表具；每隔50m应设置一个绿化取水点。

3）地下车库的出入口、设备房、电梯排水的集水坑，需要配备一主一备两台污水泵并安装高低水位报警装置。

4）污水通气管不宜穿越檐沟或天沟。

5）厨房排油烟孔、热水器排烟孔等外墙预留的洞口，应当避开给水立管、排水立管、煤气立管。

6）下沉式卫生间回填层应预留排水地漏。

7）水表宜安装在入户墙附近并由绿化遮挡，以减少对建筑外观的影响；水表必须安装在地面的，公共部分用水应当单独设置水表。

8）空调冷凝水不得排放到阳台地漏、卫生间地漏或空调板处。

（5）系统图

主要会审以下3个内容：

1）给水干管的标高、管径是否正确；水表位置是否便于抄表，是否影响建筑物外观；给水分区是否合理利用市政压力供水，是否安全、可靠。

2）喷淋、末端试水装置是否安装于地下室排水沟上方，便于排水；湿式报警阀处是否有排水设施。

3）排水通气管是否伸顶，其上方是否有开启的门、窗，是否有上人屋面；排出管标高及管径是否正确。

5. 电梯系统图会审

主要会审以下3个内容：

1）电梯基坑应设置排水管道，两个相连电梯底坑需设置联通管，流入车库的应当独立设置集水井排出，电梯集水井不能与地下车库排水沟集水井相连；集水井底部至少比电梯基坑底部少低50cm。

2）无机房电梯，主要动力设备在坑底，需设置专用的集水井，底部至少比电梯基坑底部少低50cm，配备一主一备排污泵，及时将水排出。

3）电梯机房窗户建议一面采用玻璃一面采用百叶的设置方式，同时需要关注排风机的设置。

6. 消防系统图会审

主要会审以下3个方面：

（1）消防水系统图

主要会审以下4个内容：

1）室外消火栓系统。

① 室外消防管网给水要求连接市政供水管网，应当设置成环状，环状管道应用阀门分成若干独立段，每段内消火栓的数量不宜超过5个。

② 室外消防给水管道的最小直径不应小于100mm。

③ 室外消火栓的间距不应超过120m。

④ 应当安装水表独立计量。

⑤ 室外地下式消火栓应当有明显的标志，如图3-10所示。

图3-10 室外地下式消火栓标志

2) 平面图会审。

① 按地下室梁的布局设置喷淋头。车道应当设置喷淋头，如图3-11所示，喷淋管道末端要设置末端试水装置；末端试水装置、湿式报警阀处应有排水设施并排至排水沟内。

② 消火栓系统水压、喷淋系统水压是否达到了国家的规范标准要求；是否设置了消防稳压系统。

③ 天面水池消火栓系统、喷淋系统管网补水管应当在天面安装闸阀、止回阀，进入低区喷淋系统管网前应当加装定比例减压阀。

④ 穿越地下室外墙的管道应在墙上预留防水套管，并应标注套管的规格、标高及各管道类别编号。

⑤ 高度超过100m的高层楼宇，除了面积小于5m^2的卫生间和不宜用水扑救的部位外均应设置自动喷淋装置。

图 3-11 地下车库房梁上设置喷淋头

⑥ 消火栓的布置不得影响车辆的通行和车位的设置,且避免影响消火栓的开启,如图 3-12 所示。

图 3-12 地下车库消火栓

⑦ 商铺消防喷淋试水装置是否设置在公共区域。

⑧ 消防电梯基坑与消防电梯集水坑之间应当预埋排水管。

⑨ 是否存在消防系统设置在业主专有区域内的情况，如存在，则需要分路或移出。

3）系统图会审。

① 地下室部分、架空层或天面部分的消防系统环状管网设置是否标识清楚；标高、管径标注、编号是否正确；是否缺少分段阀门。

② 消火栓干立管应为环状管网，环状干立管应设置阀门，阀门设置的原则：应保证同时关闭的立管不超过两根，同层关闭的消火栓不超过 5 个。

③ 高位水箱的设置高度应保证最不利点消火栓的静水压力，不超 100m 的高层应不低于 0.07MPa，超 100m 时应不低于 0.15MPa；如果高位水箱满足不了静水压力，就要设置增压设施。

④ 消火栓系统最低点消火栓口静压超过 0.8MPa 时，应当分区，每个消火栓口的动压不应超过 0.8MPa，否则应采取减压措施。

⑤ 顶层应设试验消火栓，试验消火栓应有压力表、自动排气阀并加装检修阀。

4）消防水泵房施工图及设备安装样图会审。

① 高层建筑消防给水系统应采取防超压措施；消防泵水泵进出水管应安装安全泄压阀门，排空阀排水应排至消防水池内。

② 消防水池、水箱应设有水位控制阀、进水管、溢流管、通气管、泄水管、出水管、水位指示器、水池应安装水位高和低的水位报警等附属装置。

③ 消防水池、消防水箱的溢流管、泄水管等不得与生产或生活用水的排水系统直接相连。

④ 消防水泵房应设置不少于两条的供水管，并与环状管网连接。

⑤ 消防给水系统，每台工作消防水泵应设置独立的吸水管。

⑥ 水池、水箱内需要设置不锈钢爬梯，方便后期维护作业。

⑦ 水泵进出水管压力表安装高度及表面方向应便于日常读数，压力表应加缓冲装置。

⑧ 管道穿过钢筋混凝土消防水箱或消防水池时，应加设防水套管；对有振动的管道应加设柔性接头；进水管和出水管的接头与钢板消防水箱的连接处应

采用焊接方式，焊接处应做防锈处理。

⑨ 市政供水进入消防水池应当安装水表独立计量。

（2）消防电系统图

主要会审以下两个内容：

1）平面图会审。

① 消防控制中心与监控中心位置应当规划设置在一起，消防报警信号应连接至消防控制中心。

② 每个防火分区至少应当设置一只手动火灾报警按钮，从一个分区内的任何位置到最邻近的一个手钮的步行距离不应大于30m，并且应设在出入口处。

③ 如未安装消防广播，则应设置火灾报警装置。

④ 当房梁突出顶棚的高度超过60cm时，每个房梁间都应当至少设置一个火灾探测器。

⑤ 高层建筑的下列部位应设置应急照明：一是楼梯间、防烟楼梯间前室、消防电梯间及其前室、合用前室和避难层（间）；二是配电室、消防控制室、消防水泵房、防烟排烟机房、供消防用电的蓄电池室、自备发电机房、电话总机房以及发生火灾时仍需坚守在工作岗位的其他房间；三是公共建筑内的疏散通道和居住建筑内通道长度超过20m的内部通道。

2）系统图会审。

① 系统图中回路、各层消防设备回路编号、回路数、型号、名称、电线电缆、模块箱编号及数量是否与平面图相符。

② 高层建筑的消防控制室、消防水泵、消防电梯、防烟排烟风机等供电，应在最末一级配电箱处设置自动切换装置。

（3）防排烟系统图

主要会审以下3个内容：

1）地下室设计图会审。

① 发电机房排烟一般采用高空排放，当低层商业、地下室设置发电机房时，必须设置独立烟道并直通主楼天面。

② 发电机房的排烟设计应当设置满足环保部门要求的除尘、降温、排烟设施，保证工作场所的良好条件。

③ 地下室变配电房、水泵房等区域应设置自然通风或机械通风。

④ 地下室房间总面积超过 200m² 或一个房间面积超过 50m² 且经常有人停留或可燃物较多时，应设置机械排烟设施。

2）走道、架空层、地上房间、天面设计图会审

① 楼宇内走道长度超过 20m，且无直接采光窗或设置固定窗时；内走道有直接采光窗，但长度超过 60m 时；不具备自然排烟条件或净空高度超过 12m 的中庭，应设置机械排烟设施。

② 室外风机应当设计防风、防雨等保护措施；进排风口在规划设计中需要设置不锈钢防护网。

③ 电梯机房排气应采取防雨措施，采用轴流风机，并设置温控系统。

④ 内走道和房间的自然排烟口至该防烟分区最远点应在 30m 内。

3）防烟楼梯间及其前室、消防电梯前室及合用前室设计图会审

① 不具备自然排烟条件的防烟楼梯间、消防电梯间前室或合用前室；采用自然排烟措施的防烟楼梯间，不具备自然排烟条件的前室；封闭避难层（间）等区域应设置独立的机械加压送风防烟设施。

② 层数超过 32 层的高层建筑，其送风系统及送风量应分段设计。

7. 智能化系统图会审

主要会审以下 5 个方面：

（1）道闸系统图

主要会审以下 3 个内容：

1）分期开发时是否使用了同一种品牌与型号的道闸系统，以便整个系统能够有效兼容，提高管理效率。

2）各弱电监控系统需要单独设置可靠的供电。

3）防止道闸发生意外砸车，需要关注是否安装了红外对射系统作为二次保护措施，如图 3-13 所示。

（2）门禁系统图

主要会审以下 4 个内容：

1）小区实行封闭管理，进入楼栋的门、小区出入口处等必须安装门禁。

2）进入每栋楼的一层、负一层、大厅的门必须安装门禁。

3）大厅主门入口处在安装门禁系统时，应能够保证无卡人员可与住户或控制中心通话。

图 3-13　红外对射系统

4）为了安全保障，进出天台的门需设置门禁，要注意楼梯是否为剪刀梯。

（3）监控系统图

主要会审以下 5 个内容：

1）地下室主要行车道应设置监控枪机，如图 3-14 所示。

图 3-14　监控枪机

2）每栋楼的大厅、负一层大厅和电梯轿厢内需设置半球摄像监控器。

3）在商业街、车辆主出入口、人行主出入口、游泳池旁、住户集中休闲区域需安装监控球机；安装位置要视野宽敞，无树木遮挡，如图3-15所示。

图3-15　监控球机

4）小区周界系统如没有灯具作为联动设备，需设置摄像机作为联动。

5）小区周围需安装安防设备和联动设备，安防设备如红外对射，联动设备如照明灯具、摄像机等。

（4）对讲系统图

主要会审以下两个内容：

1）为了方便无卡业主和访客能进入楼栋，通往楼栋的主要出入口（一层、负一层、负二层）应当设置对讲机，并能三方通话。

2）小区主出入口应当设置对讲管理机。

（5）其他方面

主要会审以下4个内容：

1）摄像监控镜头、电话系统、中心设备等弱电监控系统的防雷接地能否满足安全标准；监控中心是否设置高架防静电地板；监控中心是否设置UPS电源。

2）摄像监控镜头、电话系统、中心设备等弱电监控系统必须设置备用与不间断电源。

3）安全员巡更管理系统应设置在秩序委员巡视检查必到的地方。

4）具有功能性及办公使用功能的房间应当设置内线电话。

8. 园林景观图会审

主要会审以下3个方面：

（1）小区主出入口景观设计图

主要会审以下4个内容：

1）小区人行出入口与车库出入口并排设计时，应尽量靠在一起，方便设立岗亭和实施管理。

2）岗亭设计应当四面通透，采用玻璃材料，以便观察，门宜设计为推拉门。

3）小区车辆主出入口的门楼设计中，顶棚采用透明材料，避免业主雨天刷卡淋雨，方便而且美观。

4）人行主出入口需设置门禁或人行道闸三辊闸，如图3-16所示；为了方便婴儿车及推车进出，建议设置扇形门禁，如图3-17所示。

图3-16 三辊闸门禁

（2）照明及水景景观设计图

主要会审以下7个内容：

1）公共娱乐设施建议合理设置，并做好相关的防护措施（如胶垫、沙地等），如图3-18所示。在儿童设施周边种植绿篱进行分隔，应当设置供大人休息的座椅。

图 3-17　扇形门禁

图 3-18　儿童娱乐设施采用塑胶地垫，做好相关的防护措施

2）景观设计方案中尽量减少水景面积，通过增加绿化景观增强效果。

3）水景景观照明建议采用低压低耗能的灯具，以便后期节能降耗，建议采用地埋式水景灯。

4）水景中应当减少水景灯等照明设备，如需设计泵池，可采用卧式水泵，以便后期节能降耗，并且电量应当单独计量。

5）水景、水廊尽可能连通设计，各类景观灯、水下灯尽可能减少，泛光照明设置避免影响住户。

6）规划设计时如需设置较大活动广场，作为小区社区文化活动及老年人活动的场所，应考虑与住宅保持较远距离，避免广场噪声对周边业主生活产生影响。

7）地下路灯、草坪灯应分路、分时控制，使用节能灯具；地下车库照明应为交叉多路控制（插花式），其中每路照明应分布均匀，亮度可控制。

(3) 园林景观设计图

主要会审以下 10 个内容：

1）在园林整体排水方案中，要重点关注防堵措施。

2）园林排水沟应当尽量采用明沟排水方式。

3）小区靠近住宅及市政路的围墙、院墙 1m 范围内不要种植灌木和高大乔木。

4）乔木的设置尽量不要与监控、井盖、综合布线、消防、给水发生冲突。

5）游泳池、水景附近应避免种植落叶乔木，以免后期影响美观。

6）靠近市政道路的方向建议适当设计具有隔声效果的降噪林。

7）对于外围围墙的绿化，建议种植一些带长刺的植物；该类植物不仅有绿化美观效果，而且可以形成一道天然的安全防爬刺墙，有利于防范违法犯罪分子攀爬与翻越。

8）各类管网（强电、弱电、给水排水等）的管井不能设置在园区的车行道路上，以免增加后期维修与维护工作的难度。

9）关注强电、弱电、给水排水等管网总图，将相关管井尽可能转移到绿化带内。

10）绿化园林取水点设计应当方便取水作业。

9. 安全防范类设计图会审

主要会审以下 4 个方面：

(1) 物防设计图

主要会审以下 3 个内容：

1）园区围墙设计是否合理，高度是否达到 2.5m 以上，是否选用耐用、牢固的材料，是否设置防爬刺并采用电子围栏方式。

2）园区围栏设计是否合理，是否选用耐用、牢固的材料，间隙是否小于

10cm；临街栏杆顶部是否设置防爬钉。

3）楼宇外围管道是否设置防爬刺，建议防爬刺制作时使用实心方钢材料，直刺刺长不少于40cm，斜刺刺长不少于55cm。

（2）技防设计图

主要会审以下3个内容：

1）车辆出入口的监控设施是否合理。

2）小区监控探头的分布是否满足安全管理的安全需求。

3）电梯轿厢是否安装了闭路监控设备，安装的方向是否可以控制轿厢内的大部分面积。

（3）人行出入口设计图

主要会审以下3个内容：

1）岗亭应当设置在车道中间，空间通透，使用玻璃分隔，门应当为推拉门，设置挡雨篷，预留安装空调的位置与排水设施，如图3-19和图3-20所示。

图3-19 规范实用的固定可透视岗亭

2）人行出入口和车辆出入口应独立设置，便于后期日常管理。

3）小区内人行道路路面砖应采用防滑设计，设置防尾随三辊闸。

（4）车辆出入口设计图

图 3-20　移动式岗亭

主要会审以下 5 个内容：

1）车库出入口应当采用沥青路面与混凝土减速带。

2）车库出入口应设置车辆防雨措施，如图 3-21 所示。

图 3-21　车库出入口防水雨篷

3）车辆出入口应当分别设置业主专用通道和访客临时收费通道。

4）车辆出入口应当设置道闸,便于管理及收费。

5）考虑到地面和地下车库光线反差较大,地下车库出入口 15~20m 位置需加大通道灯光照明强度,如图 3-22 所示,并设置独立控制开关。

图 3-22 车库出入口增设照明灯具

10. 公建配套设计图会审

主要会审以下 5 个内容:

1）幼儿园生活用房与其他建筑之间的间距应≥18m。

2）学校与周边相邻建筑物及运动场间距应≥25m。

3）幼儿园生活用房应≤3 层；小学教学楼应≤4 层；中学教学楼应≤5 层。

4）幼儿园用电、生活用水应当独立计量,消防应当采用联动控制,采用独立发电机。

5）学校、幼儿园应独立于小区之外,学校、幼儿园停车场应与市政道路相连,避免接送车辆进入小区,扰乱业主正常的生活秩序。

参考资料 3：施工图纸会审阶段物业管理前期介入的实例

下面介绍一个施工图纸会审物业管理前期介入的实际方案,供学习与参考。

××物业项目施工图纸会审方面物业前期介入建议报告

针对××物业项目,××物业服务有限公司从未来业主正常使用与物业服务管理工作顺利进行的角度出发,在制订科学、合理、有利于运行的物业服务前期介入具体工作计划的前提下,经过对××物业项目施工图纸会审与分析,现提出如下建议报告。

1. 总规划图纸

1) 小区没有设计摩托车道。

建议:由于该小区的定位是年轻人的"婚房",业主以年轻人为主要群体,因此,建议预留摩托车道。

2) 垃圾收集站没有照明设施。

建议:在垃圾收集站增设照明设施,以方便后期夜间垃圾清运。

3) 商业会所处于小区最里端。

建议:商业会所设置在小区最外端紧邻市政道路的位置,方便交通,利于后期经营,同时避免对业主日常生活造成影响。

2. 土建\建筑施工图(单体)

1) 大门入口处未设置残疾人专用通道。

建议:设置残疾人坡道,并设置配套的扶手、栏杆。

2) 通往地下车库人行通道的门未设置门禁。

建议:从安全管理角度考虑,在通往地下车库人行通道的门上设置门禁设施。

3) 外立面空调外挂机位与户型内空调机位的摆放位置不符。

建议:调整设计图,使外立面空调外挂机位与户型内空调机位的摆放位置保持一致,以便于空调的安装。

3. 电气施工图

1) 消防楼梯间未采用人体感应开关控制灯具。

建议:由于消防楼梯间日常很少有行人通过,而且从日后节能的角度考虑,建议设置自动声控感应开关,如图 3-23 所示。

2) 公共配电未单独计量。

建议:对公共配电实行单独计量。

3) 配电房与水泵房相连。

建议:调整规划设计图纸,避免配电房与水泵房相连,以免水泵房跑水时淹到配电房,造成配电设备损坏。

图 3-23　照明开关感应器

4. 给排水施工图

1）道路两侧未设置雨水口。

建议：超过 6m 宽的道路两侧设置雨水口，小于 6m 宽的道路单侧设置雨水口。

2）车位的设置影响消火栓的开启。

建议：调整车位设计，保证消火栓的正常启用。

5. 消防系统图

1）室外消火栓的间距过大。

建议：室外消火栓的间距不超过 120m。

2）室外地下式消火栓没有明显的标志。

建议：从消防安全角度考虑，室外地下式消火栓设置明显的标志。

3）顶层未设试验消火栓。

建议：顶层设置试验消火栓，试验消火栓应有压力表、自动排气阀并设置检修阀。

4）穿过钢筋混凝土消防水箱的管道未加设防水套管。

建议：管道穿过钢筋混凝土消防水箱或消防水池时，设置防水套管；对有振动的管道加设柔性接头；进水管和出水管的接头与钢板消防水箱的连接采用焊接方式，焊接处应做防锈处理。

5）疏散通道未设置应急照明。

建议：公共建筑内的疏散走道和居住建筑内走道长度超过20m的内走道均设置应急照明。

6）地下室未设置机械排烟设施。

建议：地下室房间总面积超过200m^2或一个房间面积超过50m^2且经常有人停留或可燃物较多时，设置机械排烟设施。

6. 智能化系统图

1）开发各期选用的道闸系统非同一型号。

建议：尽管分期开发，还是应当选用同一种品牌与型号的道闸系统，保证系统的兼容性，以方便后期维护与管理。

2）道闸系统未安装红外对射系统。

建议：为了防止道闸意外砸车，需要安装红外对射系统作为二次保护装置。

3）进出天台的门未设置门禁。

建议：为了日常安全管理，进出天台的门需设置门禁。

4）电梯轿厢内未设置摄像头。

建议：为了日常安全管理的需要，电梯轿厢内应当设置半球摄像头，并能够覆盖轿厢内的大部分区域。

7. 园林景观图

1）公共娱乐设施设置不合理，地面采用硬质材料，存在安全隐患。

建议：做好胶垫、沙地等相关的防护措施，在儿童娱乐设施周边种植绿篱分隔，并设置供大人休息的座椅。

2）泳池、水景附近种植了大量的落叶乔木。

建议：从有利于保证日常服务标准，以及降低清洁作业难度的角度出发，避免种植落叶乔木，以保持环境美观。

8. 安全防范类设计图

1）园区围栏高度设计较低。

建议：围栏高度达到2.5m以上，如图3-24所示。

2）小区内人行道路面砖选择不合理，雨季、冬季易出现滑倒摔伤事故。

建议：小区内人行道路采用具有防滑功能的路面砖。

9. 公建配套设计图

幼儿园位于小区内部，不利于日常管理。

图 3-24　标准高度围栏

建议：幼儿园独立设置于小区之外，幼儿园停车场与市政道路相连，避免接送车辆进入小区，造成交通拥堵；同时，降低发生交通意外事故的概率。

第四课　现场施工跟进阶段物业管理前期介入的要点

1. 房屋本体施工跟进

1）小区内露天道路的主要位置应当设置混凝土减速坡；地下停车场通道应当设置橡胶减速坡；容积率较低的物业小区应当设置超宽减速坡；露天车位应当设置挡车桩，从有利于长期维护的角度出发，建议不要使用水泥材料，可使用涂减速漆的金属材料制作，如图4-1所示。

2）人行路面应铺设防滑砖，并且与绿化区之间设置凹陷式排水沟，排水沟表面可采用鹅卵石装饰，排水井盖周边及排水沟需做好防护，在防止泥土流失的同时，还可以增强美观的效果，如图4-2所示。

3）沥青路面应选择粗粒材质，利于后期维护。

4）人行通道连接处应当做适度弧型硬化处理，防止绿化损坏。

第二部分　物业管理前期介入大课堂

图 4-1　设置合理的挡车桩

图 4-2　凹陷式排水沟

5）道路上的雨水、污水井盖应尽量设置在两旁绿化带内。

6）日常需要清洁的屋顶，应在屋顶至少设置 3 个取水点，供冲洗屋面和清洗外墙用；地下室每 50m 设置一个取水点；高层每 5 层在管道井内应设置一个清洁取水点、排水池，进行防水、排水处理并找坡；以上取水点均需设置计量表具。

7）阳台栏杆设计应防止儿童攀登，放置花盆处必须设置防坠落设施。

8）预留的空调管孔洞要外低内高，以防雨水进入，室内空调机与室外外挂机预留位置应对应合理。

9）空调需要安装集中排水管，选用优质 PVC 材料，管径不小于 32mm 以防止堵塞，排水接入沟渠内；客厅预留空调排水管道位置时应考虑挂式及柜式两类机型。

10）预留空调室外机的窗间洞口需采用颜色、样式统一且与外墙面相协调、可拆卸的铝合金百叶罩封闭，百叶罩应向上倾斜，便于排放热气，如图 4-3 所示。

图 4-3　空调预留机位及百叶罩

11）采光井底部种植的植物很难成活，并且易滋生蚊虫，建议不要种植植物，而是采取硬化处理。

12）公共楼道放置垃圾桶的位置建议贴瓷砖或刷漆，有利于后期维护与保持清洁美观。

13）泳池、水箱间等湿度较大的位置，电源插座或配电箱等需要考虑防潮设计。

14）利用混凝土构件内钢筋作避雷引下线，焊接符合要求，钢筋应镀锌或涂漆。

15）屋面应当预埋钢钩，便于后期吊装施工与外墙施工需要。

16）后期交付垃圾站的滚动开发项目，应在前期设置垃圾中转站。

2. 供配电施工跟进

1）配电房设置对流通风口，设置烟感、灭火装置等消防设施，如图 4-4 所示。

图 4-4　烟感装置

2）高低压配电房、值班室的地面应当铺设防滑地砖，墙面找平、抹灰并刷涂料，天花找平。

3）配电房天花板应当无给水以及排污管道，以防止发生水管破裂、漏水时，造成设备损坏。

4）变压器应当设置温度检测装置，电源取自于变压器，超温报警信号应当连接至监控中心。

5）变压器与配电柜设置在一个房间内并设有安全隔离护栏。

6）变压器顶端不安装照明灯具，变压器在单独房间内安装，有门且可上锁。

7）变压器房设置温度控制自动排风装置，低压配电室设置单独通风系统或配备降温设备设施。

8）发电机房应有降噪措施，以防止噪声污染影响业主正常的生活。

9）发电机油箱房应当设置防爆灯、通风口及灭火沙。

10）发电机房地面应当铺设瓷砖，以方便清洁。

11）发电机油箱的进油口应当设置在装卸位置，方便加油；油箱上应当设置透气弯管。

12）电机油箱液位计不能采用普通的软管以防老化、读数模糊，建议采用透明管并加装阀门，便于维修及更换油标管。

13）发电机烟道采用水过滤，以达到空气环保标准。

14）发电机烟过滤器的排水管要有明显的断开点，避免排水管堵塞，使烟过滤器满水导致发电机停机时排气孔倒吸水。

15）发电机烟过滤房应设置水龙头，以便清洁机房和给水箱加水。

16）发电机启停信号应引至控制中心。

17）发电机排烟过滤系统应当设置自动补水装置，发电机排烟应不影响业主生活，过滤水要妥善排放。

18）发电机排烟风口建议采用铝合金百叶窗等阻燃材料。

19）发电机应安装模拟市电停电开关并安装在低压配电柜上。

20）发电机房排风装置在发电机停机后应当有延时关闭功能；发电机起动电池应配备两套，一主一备，并有防止短路的接头绝缘套，如果发电机未配备充电器模块，则需另外配备浮充充电器。

3. 配电柜（箱）施工跟进

1）各配电柜（箱）进出线应有型号、规格、用途、引自何处、去向的 PVC 标识；有互感器的电表应标明计量倍率，如图 4-5 所示。

2）供配电箱内应张贴线路原理图。

3）所有的配电柜（箱）、电表箱的安装位置应高于地面，特别是在户外设置的情况下，以防锈蚀；连接处应做防锈处理，特别是接地、接零螺栓，应尽可能地安装在屋檐下或架空层内，以延长使用寿命。

4）所有配电柜（箱）、电表箱的进出线空隙应当填封，以防止小动物进入，电缆出入口应加胶垫保护电缆。

5）通往户外电表井、配电柜（箱）等的绿化带需要铺设走道，以免破坏绿化。

图 4-5　配电箱标示齐全

6）安装在水泵房内的配电柜应单独设置房间。

7）商铺的双电源柜、室外照明开关箱不得设置在商铺范围内。

8）对海边设备的配电箱体需安装自动除湿装置。

4. 公共照明施工跟进

1）入户大堂内的射灯、节日装饰灯等配置是否合理；注意节约能源，消除灯光污染。

2）地面路灯、草坪灯以及地下室、车库的照明灯是否使用节能灯具并分路控制，每路照明分布均匀，可定时控制。

3）休闲架空层是否采用日光灯、节能灯交叉配置，即满足使用要求，节约投资，同时又能降低后期的管理费用。

4）是否尽量减少了地灯的配置，降低后期维修难度，减少成本支出。因为在实际使用中，地灯的寿命一般为 1~2 年，之后，易出现渗水、生锈现象，维修困难且易出现安全隐患。

5）园内照明设计建议选用使用寿命长、透光率高的草坪灯，在合理位置设计配置几盏高杆灯，减少草坪灯配置以节约电能消耗费用。

6）公共部位如广场、单元门口等处应当预留节日庆典装饰用电临时电源，并做好保护措施。

7）路灯杆与房屋本体应保持 1.5m 以上的间距，避免对建筑物内业主生活产生影响，同时，避免安全隐患，如图4-6所示。

图4-6 路灯杆与房屋本体的合理间距

8）楼道照明应安装感应开关，灯具位置的选取必须便于日后更换、维修。

9）建议车库照明灯线管选用阻燃型塑料管，不要选用容易生锈的金属软管。

10）小区内公交站点路段路灯照明亮度应与市政道路路灯照度一致。

11）外围灯具建议采用镀锌材料。

12）小区庭院灯、景观灯应当采用时间控制、分段控制及间隔控制方式，路灯采用分光感应时间控制，以便节约能源。

13）草坪内有接线盒的，建议横装并与地面相平，用蜡封闭。

14）地下停车库照明的规划设计应当考虑节能要求，建议合理划分车库照明区域，分区域控制，控制方式应为交叉、多路、分级控制，应当安装节能灯具，设计采光井或安装成熟的太阳能照明装置。

15）考虑到地面和地下车库光线反差较大，地下车库出入口15~20m位置的通道灯光需加大照明强度，并设置独立控制开关。

5. 强弱电井施工跟进

1）监控中心智能化安防工程系统，特别是门禁系统应由中心分系统统一供电。

2）强弱电井需要有5cm以上的门槛，确保楼道的水不能进入井道。

3）强弱电井内设置照明开关，弱电井内需要设置插座，电源取自双电源柜。

4）强弱电井的门锁应当通用。

5）电井入口设计应当注意不要影响业主的正常生活。

6. 电缆沟施工跟进

电缆沟应做防水处理，特别是进入地下设备房的位置，建议采用从高于地面处进入设备房的反 U 型设计。

7. 其他配套设备施工跟进

1）提前规划设计移动、联通及电信等基础通信信号设备的安装位置，避免日后影响小区的服务与管理。

2）提前规划设计天然气等配套设备的具体安装位置，避免因为选址原因影响日后小区日常的服务与管理。

8. 给水排水施工跟进

1）水泵房、泳池机房、消防泵房地面应当铺设防滑地砖，墙面找平、抹灰、刷涂料，天花应当找平。

2）水泵房要设置发生异常跑水时的防护措施，设置清洁用水源，并在主给水管上设置 2cm 的引出水管。

3）水泵房内控制柜与水泵进行有效隔离，并应当设置防溅措施，柜底应当高出地面 20cm 以上。

4）水泵房应设置独立通风设备，加强空气流通，建议利用温度/时间来控制，以便降低日后电费的支出。

5）水池（箱）内/外爬梯、盖板应设置为不锈钢材料。

6）水池（箱）溢流管口距离地面应当大于 40cm，方便维修及排水并设置防虫蛀措施。

7）水池（箱）设置透明水位标识，高低水位声光报警信号连至控制中心，根据水池的大小设置通风孔；水池底做坡面，最低处设置宽度 60cm、深 50cm 的潜水坑，便于水箱清洗时，利用排水泵排水。

8）水池（箱）透气孔处应当加装防虫网，进人孔应当加装防护盖，能保持锁闭状态；二次供水水箱排水管设置在水箱低部，管径不小于 80mm，地下室储水池排水管径不小于 100mm。

9）生活总进水管道加装过滤阀门，以免有杂质进入给水管道；各水泵出水口设置排气装置。

10）生活水箱上部严禁敷设排水管。

11）地下储水池的设置应当分为两部分，中间设置连通管道，保证每台生活水泵均可从两部分水池取水，减少在清洗水箱时对业主生活造成的不利影响。

12）水表房应设置地漏排水，排水管直径不能小于50mm，排水管应当设置检查口。

13）宅间道与宅间步行道建议采用传统的暗沟（管）排水方式进行排水，预防雨季地面积水。

14）喷淋末端放水阀门避免安装在室内，排水口应靠近排水沟。

15）积水坑盖板避免用水泥预制材料制作。

16）为了减少水泵在运行时产生的噪声，做基础时必须做好防振措施。

17）为了避免水泵工作时振动所产生的噪声给业主带来生活困扰，水泵房的给水管网上建议增加减振设施。

18）为防止潮湿对电子元件的损坏导致设备运行故障，水泵房控制柜必须设置独立房间，并设置良好的通风设施。

19）给水最高层设置阀门和自动排气阀。

20）了解水泵房的布置图，控制设备安装在单独小间内，控制房应当开窗便于及时观察水泵运行情况，如图4-7所示。

图4-7　水泵房

9. 报警装置施工跟进

以下各系统设备运行报警信号应引回监控中心和在现场容易发现的地方，且应设置声光报警装置，以便及时监控：

1）设备房及车库最低点积/污水井高水位报警。
2）生活、消防水箱高低水位报警。
3）变压器超温报警。
4）生活、消防水泵运行及故障报警。
5）水泵/风机变频控制系统故障报警。
6）市政停电后来电报警。
7）CO_2 气体报警。
8）发电机起动运行指示。
9）水泵房消防、喷淋、生活泵状态信号和管网压力信号指示。

10. 交通设施施工跟进

1）小区车库出入口贴地砖，很容易被车辆压烂，建议铺成沥青路面。
2）小区车库及路面减速带设置时需考虑车辆行驶时避免刮擦汽车底盘。
3）车库出入口配置反光镜、监控镜头，刷卡处设置伸缩防水雨篷。
4）车辆出入口路牙石需涂防撞漆，做好防护标示，如图 4-8 所示。

图 4-8　车辆出入口路牙石涂防撞漆

5）多个出入口的系统需要进行联网，出入口及地下车库应当设置道闸，如图4-9所示。

图4-9　地下车库出入口道闸

6）地下车库出入口设置防止路面水进入车库的坡道、排水沟及防洪闸，地下车库应设置足够大的消防沙池，车库出入口坡道设置防滑槽。

7）地下车库出入口应设置防洪闸，防滑路面，并应按每$200m^2$建筑面积$1m^3$的标准设置消防沙池，如图4-10所示。

图4-10　地下车库防洪设施

8）地下车库每 50m 应当设置清洁用取水口及清洁池。

9）道闸刷卡器前侧应当设置地桩，防止车辆意外冲撞。

10）车场道闸应设置红外防砸车功能设施。

11）车场值班岗位内工作计算机设置 UPS 电源，以防停电时无法正常工作，影响业主的车辆通行。

12）车库拐角处墙面应当涂醒目防撞漆，如图 4-11 所示。

图 4-11　车库拐角处墙面涂醒目防撞漆

13）小区道路和地下车库的停车位标线，采用热涂方式铺设。

11. 消防系统施工跟进

1）消防、喷淋供水主泵开停应设计为总线模块控制和远程手动控制（在监控中心直接手动启停）。

2）消防、喷淋稳压泵应当采用变频恒压控制，便于今后管理维护（不要采用气压给水设备控制）。

3）消防、喷淋管网在合理位置清晰标示管网功能、流向，阀门应当有控制区域及状态标识，在天台应当设置试验消火栓。

4）消火栓系统在最高位置设置自动排气设备，应在设备前加装检修阀。

5）地下敷设消防管网应按标准规范要求安装，管网穿越墙壁需要加装套管并做好防腐处理。

6）喷淋放水阀门避免设置在室内，末端试水装置的出水应当采取孔口出流的方式排入排水管道；湿式报警阀、试验阀及水力警铃排水应安装在排水管道内。

7）CO_2设备、烟感温感控制系统完善可靠，消防报警在监控中心有声光信号。

8）消防泵出水口设置安全泄压阀门及排空阀，排水应排至消防水池内。

9）消防管网存在高低区供水时，在主管网上需要加装比例减压阀。

10）天面水池给低层喷淋系统管网补水的补水管应在天面安装闸阀、止回阀，进入喷淋系统管网前需要设置定比例减压阀。

11）消防弱电线路的电缆竖井应与强电线路的竖井分别设置，如果条件受到限制需合用同一竖井时，应分别布置在竖井的两侧。

12）消防系统不同系统、不同电压、不同电流类别的线路不应穿在同一根管内或线槽的同一槽孔内。

13）地下车库消火栓安装位置应避免影响车位车辆停放及车道通行。

14）所有消防给水管道均应采用镀锌钢管；套丝扣时被破坏的镀锌层表面及外露螺纹部分应做防腐处理；镀锌钢管与法兰的焊接处应做防腐处理，并做二次镀锌。

15）水喷淋系统的主立管底座用6元钢与电力接地系统焊接连接，搭接长度为元钢直径的6倍，两面焊接；消防给水管道法兰连接处用铜片跨接接地。

16）消防给水系统管网不得穿越电气设备房间。

17）水泵进出水管的压力表安装高度及表面方向应便于日后进行读数，压力表应设置缓冲装置。

18）水泵进水管上应设置过滤器，且应设置于控制阀后。

19）水泵进水管上的控制阀不应采用没有可靠锁定装置的蝶阀，如图4-12所示。

20）水泵进水管与水泵之间应设置柔性连接管。

21）水泵进水管上的大小头采用偏心大小头，管道顶部应持平或向上翘。

22）探测器的确认灯，应面向便于人员观察的主要入口方向；施工时先安装探测器的底座，待即将调试时

图4-12 蝶阀

才接上探头；安装前应采取防尘、防潮、防腐措施。

23）火灾报警控制器设置在消防控制室内，其底边距地面高度宜为1.3m，其靠门轴侧面距离墙不应小于0.5m，正面操作距离不小于1.2m；火灾报警控制器以及气体灭火控制器主电源引入线应直接与消防电源连接，严禁使用电源插头；电缆芯线和导线，应留有不少于20cm的余量；导线引入线穿管后，在进线管处应封堵。

24）按钮可兼容消火栓启泵按钮功能；底边距地应当为1.3~1.5m，并且应当有明显标志。

25）探测器的传输线路宜选用不同色的电线、电缆。

26）同一工程、同一用途导线颜色应当一致，接线端子应有标号。

27）接线端子箱内端子宜选择压拉或带锡焊点的端子板，其接线端子上应有相应的标号。

12. 智能化施工跟进

1）门禁能保证断电开门，达到消防要求，监控中心能控制门禁的开关，公共防火门的门禁系统电源需要在控制中心单独控制。

2）门禁对讲安装高度要考虑成人身高，安装高度不宜低于1.4m。

3）门禁内侧开门开关必须安装在方便、显眼的地方，门禁内侧开关的安装位置应离门、窗有一定的距离，防止人从外面伸手将门打开。

4）人行出入口应设置防尾随系统。

5）设置在小区四周红线内的围墙上、安全死角的监控探头，安装时两对之间一定要进行交叉，避免盲点，消除翻越死角。

6）住宅区外围围墙应安装周界红外报警系统，报警光束与墙体顶部缝隙不超过20cm，以免起不到报警作用。

7）室外对讲设备应有防雨措施。

8）消防控制室的门应向疏散方向开启，且入口处应设置明显的标识。

9）监控中心应配置备用电源及空调。

10）监控显示器柜四周应预留不小于1m的维修距离。

11）弱电系统特别是室外摄像头必须采取防雷措施。

12）弱电监控镜头安装分布位置须合理，特别在安全死角位置、广场人群密集处、事故隐患突发地段、物业服务中心门口必须安装。

13）道闸安装规范，地感与轧机的安装距离大于3m，如出入口道路弯角小于90°时，弯角边距离刷卡机最近不能低于7m。

13. 小区围栏施工跟进

1）封闭式管理的小区，要注意围栏设计，材料选用是否耐用、牢固，围栏的间隙应当小于15cm。

2）距离围栏较近的外围区域不要种植高大乔木。

参考资料4：现场施工跟进阶段物业管理前期介入的实例

下面，介绍一个现场施工跟进物业管理前期介入的实际方案，以供学习与参考。

××物业项目现场施工跟进方面物业前期介入建议报告

针对××物业项目，××物业服务有限公司从未来业主正常使用与物业服务管理工作顺利进行的角度出发，在制订科学、合理、有利于运行的物业服务前期介入具体工作计划的前提下，经过对××物业项目现场施工跟进，现提出如下建议报告。

备注：园林景观现场施工跟进。

1）园林排水井盖周围边沿需做好防护，防止泥土流失。

2）林间道与绿化相接处需做排水沟或做倾斜坡度防止下雨时水流到林间道上。

3）林间道两边需做排水沟进行引流，防止暴雨时排水不畅。

4）绿化区域中间应设排水井及绿化区域附近应当设置排水沟，加快下雨时排水速度及防止雨水破坏绿化。

5）井盖位于绿地与铺装交接处时，应调整井的位置或者调整设计，避免产生交错。

6）小区排水沟边壁用角铁或方钢包边，防止沟边上水泥块被车辆压坏（角钢处最好有橡胶块，防止噪声）。

7）雨水井盖内侧做成梯形不锈钢防蚊栅，防止杂物进入下水道堵塞下水管以及防止蚊虫进入。

8）路面井盖尽量少用小型地砖或加厚井盖钢板厚度，防止车辆压烂。

9）小区园林路面井盖需用不锈钢或合金材料做井盖，防止生锈。

10）小区路面与路面接合处需做平整，防止小孩绊倒、摔跤。

11）园区景观排水沟及泳池排水沟井盖缝隙需均匀，井盖采用凹型大理石方便排水。

12）路面拐角处不宜做成90°，最好做成圆角或用鹅卵石硬化成三角形，如图4-13所示。

图4-13　利用鹅卵石对路面拐角进行弧度处理

13）林间道排水沟井盖铺上鹅卵石或集中引流防止杂物进入下排水管。

14）路面与绿化连接处应用水泥硬化，如图4-14所示。

图4-14　路面与绿化连接处进行水泥硬化处理

15）绿化与围墙接合覆盖处应盖住围墙瓷片。

16）路沿石边沿考虑感观效果及安全，建议做成45°角或弧度，如图4-15所示。

图4-15　路沿石边沿弧度

17）人行路面应当平整，避免产生积水。

18）植被种植面标高应低于硬化地1cm，土层太高，下雨时脏水容易倒灌进路面。

19）清洁绿化用水水表需分开计量。

20）水景及泳池周边需做好防水处理，防止水渗入地下室。

21）泳池直角处是卫生死角位，不易于清理，建议做成圆角。

22）泳池岸边石头边角不宜太锋利，需磨成圆角，防止发生人身安全事故。

23）水景及泳池附近禁止种植高大乔木或落叶树。

24）园区通道护栏拐角处为直角有安全隐患，建议做成圆角。

25）园林休闲桌椅最好不要采用木制品，后期维护较困难，建议采用石质材料。

26）绿化自动喷淋需安装在绿化中心地带，附近最好没有其他遮挡物。

27）园林树木栽种过程中，支撑杆应当从4个角度进行规范支撑，美观且能防止树木歪斜，如图4-16所示。

图 4-16　规范的树木支撑

28）水景通道采用木质护栏存在安全隐患，建议使用不锈钢护栏及其他金属护栏；已达到安全防护的作用。

29）凉亭木方后期将严重脱漆，不利于维护，建议尽量不要用木质材料。

30）地面木方存在安全隐患，不利于后期维护，建议尽量不要用木质材料。

下 篇
物业承接查验六堂课

Fine Property Management

第三部分　物业承接查验概述

一、物业承接查验的概念

《物业承接查验办法》第二条明确了物业承接查验的概念。

物业承接查验，是指承接新建物业前，物业服务企业和建设单位按照国家有关规定和前期物业服务合同的约定，共同对物业共用部位、共用设施设备进行检查和验收的活动。

在条件具备或物业服务企业早期介入充分、准备充足时，物业的承接查验也可以和建设工程竣工验收同步进行，以提高承接查验工作的效率与质量。

《物业承接查验办法》第四条规定：鼓励物业服务企业通过参与建设工程的设计、施工、分户验收和竣工验收等活动，向建设单位提供有关物业管理的建议，为实施物业承接查验创造有利条件。

《物业承接查验办法》第十条规定：建设单位应当在物业交付使用15日前，与选聘的物业服务企业完成物业共用部位、共用设施设备的承接查验工作。

二、物业承接查验的法律依据

2010年10月14日，由中华人民共和国住房和城乡建设部颁布，2011年1月1日起开始正式实施的《物业承接查验办法》，是我国对物业管理承接查验工作进行指导、监督与管理的部门行政规章。

《物业承接查验办法》第一条明确：为了规范物业承接查验行为，加强前期物业管理活动的指导和监督，维护业主的合法权益，根据《中华人民共和国物权法》《中华人民共和国合同法》和《物业管理条例》等法律法规的规定，制定本办法。

此外，《物业管理条例》第二十八条也明确规定：物业服务企业承接物业时，应当对物业共用部位、共用设施设备进行查验。

三、物业承接查验的基本原则

承接查验工作，这一物业服务起始环节对今后长期物业服务管理工作的作用非常重要，这是后期物业服务各项工作的基础。因此，一个成熟的房地产开发企业，一个专业的物业服务企业会非常重视这项工作。

物业的承接查验工作如果处理不当，如没有科学合理地解决开发商的遗留问题，将对今后长期、持续的物业服务工作产生难以消除的负面影响。因此，对此项工作计划的具体设计规划，要采取严谨、科学与合理的态度。

《物业承接查验办法》第三条明确：物业承接查验应当遵循诚实信用、客观公正、权责分明以及保护业主共有财产等四项基本原则。

物业承接查验的具体原则：

1. 诚实信用

建设单位应当按照国家有关规定和物业买卖合同的约定，移交权属明确、资料完整、质量合格、功能完备、配套齐全的物业。（《物业承接查验办法》第九条）

2. 客观公正

物业承接查验可以邀请业主代表以及物业所在地房地产行政主管部门参加，可以聘请相关专业机构协助进行，物业承接查验的过程和结果可以公证。（《物业承接查验办法》第三十一条）

3. 权责分明

现场查验应当形成书面记录。查验记录应当包括查验时间、项目名称、查验范围、查验方法、存在问题、修复情况以及查验结论等内容，查验记录应当由建设单位和物业服务企业参加查验的人员签字确认。（《物业承接查验办法》第十九条）

4. 保护业主共有财产

现场查验中，物业服务企业应当将物业共用部位、共用设施设备的数量和质量不符合约定或者规定的情形，书面通知建设单位，建设单位应当及时解决并组织物业服务企业复验。（《物业承接查验办法》第二十条）

四、物业承接查验的条件

实施承接查验的物业，应当具备以下条件：

1）建设工程竣工验收合格，取得规划、消防、环保等主管部门出具的认可或者准许使用文件，并经建设行政主管部门备案。

2）供水、排水、供电、供气、供热、通信、公共照明、有线电视等市政公用设施设备按规划设计要求建成，供水、供电、供气、供热已安装独立计量表具。

3）教育、邮政、医疗卫生、文化体育、环卫、社区服务等公共服务设施已按规划设计要求建成。

4）道路、绿地和物业服务用房等公共配套设施按规划设计要求建成，并满足使用功能要求。

5）电梯、二次供水、高压供电、消防设施、压力容器、电子监控系统等共用设施设备取得使用合格证书。

6）物业使用、维护和管理的相关技术资料完整齐全。

7）法律、法规规定的其他条件。（《物业承接查验办法》第十一条）

五、物业承接查验的依据

实施物业承接查验，主要依据下列文件：
①物业买卖合同；②临时管理规约；③前期物业服务合同；④物业规划设计方案；⑤建设单位移交的图纸资料；⑥建设工程质量法规、政策、标准和规范。（《物业承接查验办法》第十二条）

建设单位制定的临时管理规约，应当对全体业主同意授权物业服务企业代为查验物业共用部位、共用设施设备的事项做出约定。（《物业承接查验办法》第七条）

建设单位与物业服务企业签订的前期物业服务合同，应当包含物业承接查验的内容。

前期物业服务合同就物业承接查验的内容没有约定或者约定不明确的，建设单位与物业服务企业可以协议补充。不能达成补充协议的，按照国家标准、行业标准履行；没有国家标准、行业标准的，按照通常标准或者符合合同目的的特定标准履行。（《物业承接查验办法》第八条）

六、物业承接查验的程序

物业承接查验应当按照流程进行，具体如下图所示。

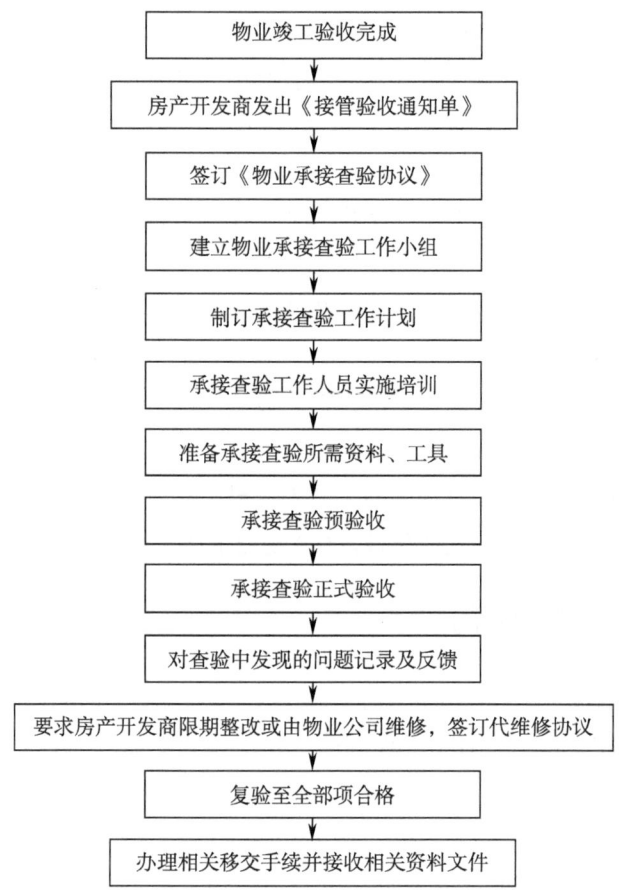

七、物业承接查验的方法

《物业承接查验办法》第十八条明确：物业现场查验应当综合运用核对、观察、使用、检测和试验等方法，重点查验物业共用部位、共用设施设备的配置标准、外观质量和使用功能。

物业的承接查验主要以现场核对的方式进行，在现场检查、设备调试等情况下还可采用感观查验、试用查验、试验查验和检测查验等具体方法进行检查。

1. 核对查验

核对查验是核对查验对象的数量，检验是否符合法律、法规及设计规范的要求。

2. 感观查验

感观查验是对查验对象的外观进行的检查，一般采取目视、触摸等方法进行。

3. 试用查验

试用查验是通过启用设施或设备来直接检验被检查对象的安装质量和使用功能，以便能直观地了解其符合性、舒适性和安全性等性能。

4. 试验查验

试验查验是指通过必要的试验方法（如通水、通电、闭水试验等）测试相关设施设备的性能。

5. 检测查验

检测查验是通过运用仪器、仪表、工具等对检测对象进行测量，以检测其是否符合质量要求。

需要注意的是，物业承接查验与竣工验收有一点重要的差别，承接查验不能抽样查验，必须全面清点与查验。

八、物业承接查验的内容

1. 物业承接查验需要移交的资料

现场查验 20 日前，建设单位应当向物业服务企业移交下列资料：

1）竣工总平面图，单体建筑、结构、设备竣工图，配套设施、地下管网工程竣工图等竣工验收资料。

2）共用设施设备清单及其安装、使用和维护保养等技术资料。

3）供水、供电、供气、供热、通信、有线电视等准许使用文件。

4）物业质量保修文件和物业使用说明文件。

5）承接查验所必需的其他资料。

未能全部移交前款所列资料的，建设单位应当列出未移交资料的详细清单并书面承诺补交的具体时限。（《物业承接查验办法》第十四条）

物业服务企业应当对建设单位移交的资料进行清点和核查，重点核查共用设施设备出厂、安装、试验和运行的合格证明文件。（《物业承接查验办法》第十五条）

物业承接查验移交资料时需要注意以下问题：

1）项目建设资料（如建筑工程竣工消防审核意见书、供暖合同等）、物业产权资料（如规划许可证、用地红线图等）、建筑工程技术资料（如沉降记录等）、合同资料（如设备购买安装合同等），移交复印件。

2）各类保证资料（如设备保修卡、合格证等），物业管理运行所需的技术资料（如设备参数、配件清单、产品说明书、运行许可证等），移交原件。

2. 物业共用部位、共用设施设备的查验

物业服务企业应当对下列物业共用部位、共用设施设备进行现场检查和验收：

1）共用部位：一般包括建筑物的基础、承重墙体、柱、梁、楼板、屋顶以及外墙、门厅、楼梯间、走廊、楼道、扶手、护栏、电梯井道、架空层及设备间等。

2）共用设备：一般包括电梯、水泵、水箱、避雷设施、消防设备、楼道灯、电视天线、发电机、变配电设备、给水排水管线、电线、供暖及空调设备等。

3）共用设施：一般包括道路、绿地、人造景观、围墙、大门、信报箱、宣传栏、路灯、排水沟、渠、池、污水井、化粪池、垃圾容器、污水处理设施、机动车（非机动车）停车设施、休闲娱乐设施、消防设施、安防监控设施、人防设施、垃圾转运设施以及物业服务用房等。

（《物业承接查验办法》第十六条）

3. 物业专用部位、专用设施设备的查验

物业服务企业应当对下列物业专用部位、专用设施设备进行现场检查和验收：

1）专用部位：一般指户门以内专属于业主所有的部位。其包括：承重墙体、隔墙、柱、梁、墙面、地面、门厅、走廊等。

2）专用设备：一般包括供水设备、排水设备、取暖设备、照明设备、网络通信电视设备、配电设备等。

3）专用设施：一般包括进户门、自用阳台、户内门、窗等。

4. 物业园林绿化工程的查验

园林绿化分为园林植物和园林建筑两方面的内容。

第三部分　物业承接查验概述

物业的园林植物一般有花卉、树木、草坪、绿（花）篱、花坛等，园林建筑主要有小品、花架、园廊等，这些都是园林绿化的查验内容。

5. 其他公共配套设施的查验

物业其他公共配套设施查验的主要内容有：值班执勤等专用岗亭、社区活动中心、各类配套商业会所、游泳池、运动专用场地及设施、物业标识等。

建设单位应当依法移交有关单位的供水、供电、供气、供热、通信和有线电视等共用设施设备，不作为物业服务企业现场检查和验收的内容。（《物业承接查验办法》第十七条）

九、物业承接查验的准备工作

物业承接查验的准备工作主要包括6个方面：

1. 确定实施启动

物业承接查验工作通常是由房产开发商提出需求，房产开发商的工程部门负责牵头，在政府有关部门竣工验收完成后一周之内开始进行。

物业服务企业在收到房产开发商发出的《接管验收通知单》后，首先需要确认是否符合物业承接查验的条件，在符合条件的基础上，与房产开发商签订《物业承接查验协议》，确定承接查验工作正式启动。

2. 建立组织机构

（1）建立工作领导小组

在确定正式启动承接查验工作之后，物业服务企业需要成立专门的物业承接查验专项工作领导小组。领导小组通常由物业公司主管承接查验工作的副总经理担任领导小组组长，该项目的物业经理担任领导小组副组长，领导小组成员分别包括：工程管理部主管、秩序维护部主管、客户维护部主管、环境维护主管等。

（2）专业技术人员准备

物业承接查验是一项技术要求高、专业性强，对日后物业服务管理有较大影响的重要基础工作之一。因此，物业服务企业在实施承接查验工作之前，应当根据承接物业的业态与特点，结合物业项目的具体情况，与建设单位共同组成联合查验机构，并做好相关专业技术人员的准备工作。

具体人员安排通常包括：

1）物业资料查验小组：可由客户服务部主管负责，组员包括若干名资料员（可指定客服员兼任）、若干名复核员（由工程技术人员担任）。

2）物业共用部位、共用设施设备查验小组：由工程管理部主管负责，组员包括若干名土建技工、给水排水技工、电气技工等。

3）物业专用部位、专用设备设施查验小组：可根据物业项目的规模分为若干个查验小组（毛坯房可按照每天每组查验40～50套，精装房20～30套分配查验任务量，初次查验的期限按5～7天计算），分别由工程技术骨干负责，每组配备查验人员若干人。

4）园林绿化工程查验小组：通常由环境维护主管负责，也可以园林绿化专业管理部门的负责人负责。组员包括若干名园林绿化技工。

3. 工作计划准备

物业服务企业应当事先制订具体、详细的物业承接查验具体实施工作计划方案，以便承接查验工作能够顺利实现预期目标。

物业承接查验的工作计划通常由承接查验工作领导小组，结合物业服务企业的工作经验来制订，具体内容包括：

1）与房产开发商、建设施工单位协商并确定承接查验的日期、时间及具体的实施进度安排：如确定现场踏勘的日期；预验收、正式验收、复验的时间进度安排。

2）要求建设单位在承接查验之前三日内提供、移交物业的详细清单、建筑图纸、相关单项或综合验收证明材料。

3）事先进行现场踏勘，为承接查验做好各方面前期计划准备工作。

4. 人员技术培训

1）同类物业项目培训：采取实际顶岗的方式，提前在公司所属的同类型其他物业服务项目实地操作培训1次以上。

2）本项目现场培训：结合即将承接查验物业项目的实际情况，进行有针对性的培训。

5. 查验资料准备

在正式开展承接查验工作之前，应结合历史经验，根据实际情况制订查验工作流程和记录表单。

在物业的承接查验过程中，应依据相关法律法规，做好必要的查验工作记录。

1）工作流程，如《物业承接查验工作流程》《物业承接查验的内容及方法》《承接查验发现问题的处理流程》等。

2）记录表单，如《工作联络登记表》《物业承接查验记录表》《物业工程质量问题统计表》《物业工程质量问题整改记录表》等。

3）法律法规，如《房屋接管验收参考标准》《建设工程质量管理条例》等。

6. 设备工具准备

在物业的承接查验过程中，需要采取一些必要的技术方法来查验承接物业的质量情况，事先应当根据物业项目的具体情况，提前准备好查验过程中所需要的检验设备、器材、仪器和工具。例如，捣锤、卷尺、靠尺、电笔、万用表、接地电阻测试仪、红外线测温仪、长短梯、钥匙板以及其他用品。

十、物业承接查验的问题处理

1. 物业承接查验的问题

物业承接查验的问题主要分为两种情况：一种，是由于施工过程中的施工质量不符合标准所致；此类问题应当依据《建筑工程质量保修办法》的相关规定，由建设开发单位督促施工单位负责整改；另一种，是由于物业规划、设计中的缺陷，导致物业功能不足、使用不便、运行维护缺乏经济性，这类问题应当由建设开发单位负责修改设计，改造或增补相应设施。

2. 物业承接查验的记录

依据《物业承接查验办法》第十九条规定，现场查验应当形成书面记录。

物业查验记录应当包括：查验时间、项目名称、查验范围、查验方法、存在问题、修复情况以及查验结论等内容。

查验记录应当由建设单位和物业服务企业参加查验的人员签字确认。

3. 物业承接查验的问题处理

依据《物业承接查验办法》第二十条规定，现场查验中，物业服务企业应当将物业共用部位、共用设施设备的数量和质量不符合约定或者规定的情形，书面通知建设单位，建设单位应当及时解决并组织物业服务企业复验。

（1）一般缺陷的返修

对承接查验过程中发现的非结构性质量缺陷（一般缺陷），物业服务企业应当于两日内将检查记录提交房产开发商，并出具书面整改函件，要求房产开发商责成建设施工单位限期整改，并进行复验，直至整改合格为止。

根据具体情况，也可以与房产开发商协商，由物业服务企业代为返修，维修费用由房产开发商支付。

（2）房屋结构的加固补强

对承接查验过程中发现的房屋结构性质量缺陷，设备设施使用中存在的安全质量问题，物业服务企业应当于两日内将检查记录提交房产开发商，并出具书面整改函件，要求房产开发商责成建设施工单位限期加固补强，并进行复验，直至整改合格为止。

同时，物业服务企业应当要求房产开发商提交加固补强的具体措施与相关记录，并存档备查。

（3）不具备使用功能情况的处理

对承接查验过程中发现的由于房屋配套设施脱节和附属工程未完工，以及由于水、电、气等外部管线未接通，致使房屋、设备、场地不具备正常使用功能，而导致业主无法使用或物业服务管理工作无法正常运行时，应当立即向房产开发商提交函件，暂停承接查验，直至符合承接查验基本条件后再进行。

同时，对相关情况进行记录，并存档备查。

4. 物业承接查验协议

《物业承接查验办法》第二十一条规定：建设单位应当委派专业人员参与现场查验，与物业服务企业共同确认现场查验的结果，签订物业承接查验协议。

《物业承接查验办法》第二十二条规定：物业承接查验协议应当对物业承接查验基本情况、存在问题、解决方法及其时限、双方权利义务、违约责任等事项做出明确约定。

《物业承接查验办法》第二十三条规定：物业承接查验协议作为前期物业服务合同的补充协议，与前期物业服务合同具有同等法律效力。

十一、物业承接查验中需要注意的问题

在物业承接查验过程中应当注意以下几方面问题：

1）对于前期介入工作中提出的完善物业使用功能与有利于物业服务管理的建议，进行认真复核，对尚未完成项应当要求房产开发商采取补救措施，并存档备查。

2）要求房产开发商提交土建工程、装饰工程、市政工程、设备安装工程、绿化工程等主体以及配套工程的施工、承包单位名称与地址，工程项目名称、工程负责人的联系方式、工程保修期限等清单资料，并存档备查。

3）将施工剩余的建材保存备用。

4）对采用的非常用建材、设施设备，要求房产开发商提交施工、承包单位名称与地址，工程施工项目名称、工程负责人的联系方式、工程保修期限等清单资料，并存档备查。

5）对有可能影响业主使用或影响物业服务管理工作正常运行的配套设施，如物业大门、值班岗亭、围墙、道路、广场、社区活动中心、停车场（库、棚）、游泳池、运动场地、垃圾屋及中转站、休闲娱乐设施等进行认真查验，规避物业服务管理风险。

6）对公共设施如商业会所、幼儿园、停车位等产权进行确认，避免日后发生争议。

7）向房产开发商建议，取得物业服务企业对小区房屋建筑物、设备设施以及场地正常使用的认可，作为向施工单位支付工程款项的依据。

8）与房产开发商确认，物业承接查验完成不是小区房屋建筑物、设备设施以及场地符合国家以及设计建设标准的依据，规避相关物业服务管理纠纷。

十二、违反《物业承接查验办法》的法律责任

1）物业交接后，建设单位未能按照物业承接查验协议的约定，及时解决物业共用部位、共用设施设备存在的问题，导致业主人身、财产安全受到损害的，应当依法承担相应的法律责任。

2）物业交接后，发现隐蔽工程质量问题，影响房屋结构安全和正常使用的，建设单位应当负责修复；给业主造成经济损失的，建设单位应当依法承担赔偿责任。

3）自物业交接之日起，物业服务企业应当全面履行前期物业服务合同约定的、法律法规规定的以及行业规范确定的维修、养护和管理义务，承担因管理

服务不当致使物业共用部位、共用设施设备毁损或者灭失的责任。

4）物业服务企业应当将承接查验有关的文件、资料和记录建立档案并妥善保管。

物业承接查验档案属于全体业主所有。前期物业服务合同终止,业主大会选聘新的物业服务企业的,原物业服务企业应当在前期物业服务合同终止之日起10日内,向业主委员会移交物业承接查验档案。

5）建设单位应当按照国家规定的保修期限和保修范围,承担物业共用部位、共用设施设备的保修责任。

建设单位可以委托物业服务企业提供物业共用部位、共用设施设备的保修服务,服务内容和费用由双方约定。

6）建设单位不得凭借关联关系滥用股东权利,在物业承接查验中免除自身责任,加重物业服务企业的责任,损害物业买受人的权益。

7）建设单位不得以物业交付期限届满为由,要求物业服务企业承接不符合交用条件或者未经查验的物业。

8）物业服务企业擅自承接未经查验的物业,因物业共用部位、共用设施设备缺陷给业主造成损害的,物业服务企业应当承担相应的赔偿责任。

9）建设单位与物业服务企业恶意串通、弄虚作假,在物业承接查验活动中共同侵害业主利益的,双方应当共同承担赔偿责任。

10）物业承接查验活动,业主享有知情权和监督权。物业所在地房地产行政主管部门应当及时处理业主对建设单位和物业服务企业承接查验行为的投诉。

11）建设单位、物业服务企业未按本办法履行承接查验义务的,由物业所在地房地产行政主管部门责令限期改正;逾期仍不改正的,作为不良经营行为记入企业信用档案,并予以通报。

12）建设单位不移交有关承接查验资料的,由物业所在地房地产行政主管部门责令限期改正;逾期仍不移交的,对建设单位予以通报,并按照《物业管理条例》第五十九条的规定处罚。

(《物业承接查验办法》第三十二~四十三条)

十三、物业的移交

建设单位应当在物业承接查验协议签订后10日内办理物业交接手续,向物

业服务企业移交物业服务用房以及其他物业共用部位、共用设施设备。(《物业承接查验办法》第二十四条)

物业承接查验协议生效后,当事人一方不履行协议约定的交接义务,导致前期物业服务合同无法履行的,应当承担违约责任。(《物业承接查验办法》第二十五条)

交接工作应当形成书面记录。交接记录应当包括移交资料明细、物业共用部位、共用设施设备明细、交接时间、交接方式等内容。交接记录应当由建设单位和物业服务企业共同签章确认。(《物业承接查验办法》第二十六条)

分期开发建设的物业项目,可以根据开发进度,对符合交付使用条件的物业分期承接查验。建设单位与物业服务企业应当在承接最后一期物业时,办理物业项目整体交接手续。(《物业承接查验办法》第二十七条)

物业承接查验费用的承担,由建设单位和物业服务企业在前期物业服务合同中约定。没有约定或者约定不明确的,由建设单位承担。(《物业承接查验办法》第二十八条)

物业服务企业应当自物业交接后 30 日内,持下列文件向物业所在地的区、县(市)房地产行政主管部门办理备案手续:①前期物业服务合同;②临时管理规约;③物业承接查验协议;④建设单位移交资料清单;⑤查验记录;⑥交接记录;⑦其他承接查验有关的文件。(《物业承接查验办法》第二十九条)

建设单位和物业服务企业应当将物业承接查验备案情况书面告知业主。(《物业承接查验办法》第三十条)

第四部分 物业承接查验大课堂

第五课 房屋结构、室内部分及装饰装修承接查验操作指南

1. 房屋结构承接查验操作指南

1）地基基础沉降不得引起墙体和上部结构的开裂或其他结构及相邻房屋的损坏，不合格范例如图 5-1 所示。

图 5-1 地基沉降不合格范例

2）房屋墙体露出地面部分无倾斜、移位、裂缝、扭曲等现象。

3）梁、柱、板等应无弓凸、剥落、开裂、倾斜、移位和裂缝等现象，无钢筋外露。

4）天台隔热层、防水层完备、齐全；隔热板、防水层表面无裂缝；天沟、落水口畅通，管道完好；天台扶栏无破损、变形，无明显锈蚀。

5）散水应无塌陷、断裂和分裂；面层平整，无脱皮；无倒泛水、积水等现

象，不合格范例如图 5-2 所示。

图 5-2　散水不合格范例

2. 室内部分承接查验操作指南

（1）室内土建部分

1）墙面、天花。

① 检查墙体、天花是否有裂缝，不合格范例如图 5-3 所示。

图 5-3　天花裂缝严重

② 检查墙体是否倾斜，几何尺寸差距是否较大。

③ 检查墙面、天花的平整度，查看是否有明显修补痕迹，不合格范例如图

5-4 所示。

图 5-4　墙面修补痕迹明显且不规范

④ 检查墙面是否有起皮、脱落，是否存在空鼓现象；是否有污渍、气泡、抹灰层较粗糙等现象。

⑤ 检查不同墙体之间交接处、墙体与天花相交处等位置是否有不平滑以及开裂现象。

⑥ 检查墙体之间的阴阳角是否垂直。

⑦ 检查二次结构与主体墙间是否有钢丝网或无纺布连接。

⑧ 检查墙面是否有污损，不合格范例如图 5-5 所示。

图 5-5　墙面污损严重

⑨ 检查天花是否有渗漏,不合格范例如图 5-6 所示。

图 5-6　天花渗漏

2）地面。

① 检查是否存在建筑垃圾,不合格范例如图 5-7 所示。

图 5-7　地面存在大量建筑垃圾

② 检查楼道地面与室内地面的落差问题,是否有超出落差范围的现象。

③ 检查卫生间、开敞阳台、空调板是否有严重倒坡积水现象。

④ 检查地面是否有裂缝，不合格范例如图 5-8 所示。

图 5-8　地面存在严重裂缝且建材外露

⑤ 检查地面修补痕迹是否有太过明显，色差过大现象；

⑥ 检查是否有起沙、空鼓现象。

⑦ 检查地面是否平整，不合格范例如图 5-9 所示。

图 5-9　地面平整度较差

3）房间几何尺寸。

① 测量室内隔墙布局是否与图纸相符。

② 测量室内的几何尺寸，用皮尺测量房间对角线长度，是否有误差较大现象存在。

③ 测量层高是否超过规定标准，测量时分五点测量，查看是否有误差存在。

④ 测量门、窗洞口墙面上下的平整度。

4）带跃层的楼梯踏步及跃层临边轻质隔墙

① 检查楼梯、楼梯扶手是否有焊接点不光滑，不合格范例如图 5-10 所示；中间固定支架垂直度不够；楼梯固定不牢固；钢质楼梯的刷漆不均匀；楼梯过窄、坡度过陡；踏步不平整；栏杆高度、间距未达到有关标准；栏杆下无挡台，每层楼梯平台无临边挡台等情况存在。

图 5-10　扶手焊接点不平整

② 检查跃层临边轻质隔墙是否牢固。

5）烟道及通风道。

① 检查各单元屋顶无动力风帽是否安装，使用功能是否正常。

② 检查烟道、通风道是否有位置较低；口小、堵塞、反风、安装倾斜，整体烟道与楼板密封不严等现象。

③ 检查止逆阀是否安装。

6）空调管及穿墙套筒。

① 检查空调孔预留位置是否合理、贯通、倾斜，有无堵风罩，设计位置与电源预留位置是否对应。

② 检查预留孔有无倒坡现象。

③ 检查空调机位楼板是否倒坡。

④ 检查冷凝水预留口是否合理。

⑤ 检查空调室外机座板是否粗糙，管穿板洞口处理是否彻底。

（2）室内土建附属设施

1）窗户。

① 测量窗户墙体的几何尺寸，使用卷尺对窗口预留洞口进行测量，测量对角线尺寸，窗口或窗户对角尺寸是否有误差。

② 检查墙体是否不正、不平；窗扇开关是否会在包完窗套后受影响。

③ 检查所有窗户是否有排水口，布置点是否合理。

④ 检查落地窗及平开窗是否有开关不顺畅、有异响。

⑤ 检查窗户表面是否有划伤、污渍，表面是否存在严重色差，不合格范例如图 5-11 所示。

图 5-11　窗户表面焊点损伤

⑥ 检查中空玻璃内部是否有尘土、污渍；玻璃表面是否有划痕、划伤；五金器件是否有划痕或生锈现象。

⑦ 检查平开窗户的合页与洞口侧面墙及窗台的尺寸，是否有距离较近，装修后窗户是否会存在不能完全打开的现象。

⑧ 检查所有窗户的钢副框是否有密封胶条发泡剂填充不到位，玻璃胶衔接有缝隙等现象。

⑨ 检查下悬窗是否有开启角度过大的现象，一般不超过30°。

⑩ 检查窗户开启限位器是否有缺件、扭曲、滑动不灵活，以及开启达不到90°的现象。

⑪ 检查保护膜是否清理干净。

⑫ 检查窗台是否外高里低，存在倒反水现象。

⑬ 检查窗户栏杆安装是否牢固。

⑭ 检查窗体各部位连接是否牢靠，缝隙是否过大，不合格范例如图5-12所示。

图5-12　窗体连接处缝隙过大

⑮ 进行淋水试验，检查窗户是否有漏水现象，抽检比例为100%。

2）入户门。

① 检查"子母"扇户门天、地栓是否有无法拴住的现象。

② 检查入户门密封条是否有密封条已压扁、损坏以及变形，密封条接口处衔接不完全等现象。

③ 检查门框内填充是否均匀到位。

④ 检查门框与墙的距离，避免因装修包门后户门有无法顺利开启的现象。

⑤ 检查门的安装是否倾斜。

⑥ 检查入户门表面是否有划伤、污渍；是否有门缝大、锁不上，开关不顺畅等现象；检查五金器件是否有划痕或生锈等现象；检查门合页及锁具，是否安装不到位、有翘曲、松动、缺少螺丝等现象；注意：可以对入户门采取成品保护措施。

3）防水。

① 检查卫生间、厨房门口挡水台是否牢固。

② 抽查防水层厚度及高度；厚度标准为1.5mm，高度标准为：卫生间带淋浴部位180cm，卫生间、厨房其他位置30cm。

③ 检查卫生间及厨房给水、排水管的固定支架有无破坏防水的情况，如有是否存在修补不到位等情况。

④ 对卫生间及厨房的地面进行不少于24h的闭水试验，查看是否有漏水，修补不合格及高度不合格的现象。

⑤ 对不上人屋面进行闭水试验。

4）阳台护栏。

① 检查阳台护栏安装是否有倾斜、不垂直现象。

② 检查阳台护栏安装是否牢固；表面是否有划痕、污渍；焊接点是否粗糙，间隙是否符合标准。

（3）室内电气部分

1）电源箱。

① 检查电源箱盖表面是否有划伤、污染；箱门开启是否灵活；锁上后是否存在缝隙较大等现象。

② 检查钥匙是否齐全。

③ 检查箱内电闸安装是否到位；是否缺少保险管。

④ 检查电闸安装是否牢固；电闸上下口接线是否牢固；电闸标识是否与实际控制相符；零线及地线接线端子压线是否牢靠。

⑤ 检查漏电开关是否起保护作用。

⑥ 检查箱盖背面是否贴有电路系统图，不合格范例如图5-13所示。

2）照明系统。

第四部分　物业承接查验大课堂

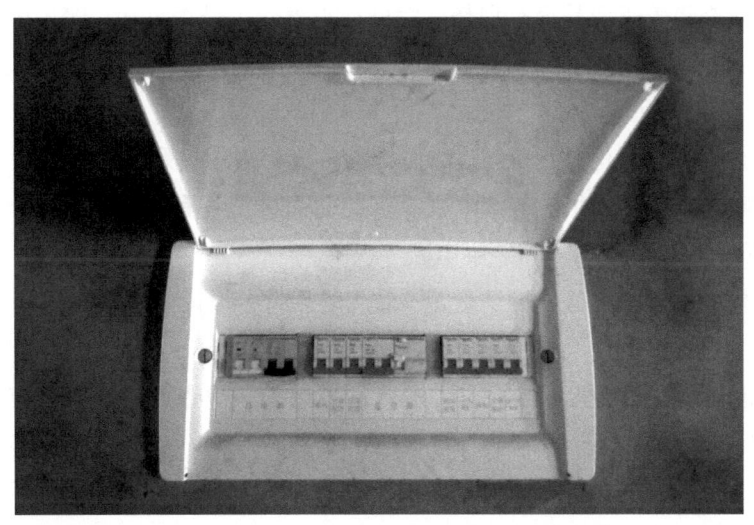

图 5-13　室内电源箱无电路系统图

① 检查是否有照明线路损坏，以及缺少灯泡等现象。

② 检查开关控制是否完备，是否有控制错误现象。

③ 检查照明控制开关的表面是否有划伤、污染，开关不灵活，安装不到位或破损，安装倾斜或有缝隙等现象。

④ 检查所有开关面板、插销标高是否一致，是否符合设计要求。

3）强电插座。

① 检查门铃线路是否畅通。

② 检查强电插座是否有安装不牢靠或破损，表面污染、划痕，有缺相、错相接线，安装倾斜或有缝隙等现象。

③ 检查插座与暖气的距离是否符合标准，有无遮挡情况。

④ 检查所有强电面板标高是否一致，是否符合设计要求。

4）电表箱。

① 检查电表及开关闸安装是否完备。

② 检查各开关闸上下口压线是否牢固。

③ 检查控制部位标识是否清晰、齐备，各电表对应用户的信息是否准确无误，电表控制是否正确。

5）弱电箱。

① 检查电话、网络、电视系统各线路是否畅通。

② 检查箱盖表面是否有划伤、污染；箱盖开启是否灵活；箱内配件安装是否到位，功能是否完好。

6) 弱电面板。

① 检查各插座位置是否与设计图纸的位置相符，有无漏装情况。

② 检查电话、网络、有线电视及多功能面板是否有安装不到位，表面有划伤、污痕，安装倾斜以及安装不牢固等现象。

③ 检查所有弱电面板标高是否一致，是否符合设计要求。

7) 可视对讲。

查验时利用样板机对可视对讲进行逐户试验，检查可视对讲系统是否有监控图像模糊，通话声音不清晰，与管理员机、门口机不能联机或不能远程开门等现象。

(4) 室内给水排水部分

1) 水表、水管。

① 检查自来水、中水及热水管线是否有跑、冒、滴、漏等现象，是否有硬伤、缺少堵头等情况。

② 检查自来水表、中水表、热水表是否安装到位。

③ 检查水表及阀门接口处是否有漏水，是否有阀门缺少把手（闸阀缺少手轮），阀门内缺阀芯，阀门关闭不严等现象；是否有表位安装倾斜以及带有远传线路的水表接线不到位等现象。

④ 检查冷热水管的安装是否牢固、有无倾斜等现象。

⑤ 检查卫生间及厨房顶部排水管是否有低于窗口的现象。

⑥ 检查设备竖井内暖气供回水上的闭锁阀门是否安装到位，暖气及自来水总阀控制户号的标识是否清楚，有无接反情况。

⑦ 检查1~3层户内减压阀安装是否到位，减压阀如图5-14所示。

图5-14　减压阀

⑧ 根据不同地区冬季冰点的差异性检查自来水、中水及热水管线室外部分的保温情况，是否已包扎到位。

⑨ 检查每户是否有一个卫生间内带水龙头，且水系统内已注水，以便进行闭水试验。

⑩ 对出户管进行闭水、通球试验。

2）卫生间、厨房及阳台下水地漏。

① 检查各地漏盖内是否有建筑垃圾。

② 检查厨房下水是否有倒坡现象。

③ 检查卫生间、厨房及阳台的地漏设施是否有表面破损、堵塞及标高不符合标准等现象。

④ 检查卫生间马桶下水管的位置是否离墙面过近，要求距离后墙体不小于30cm，否则影响后期使用。

3）管井内下水立管。

① 检查管井内是否有建筑垃圾存在。

② 检查管井内下水立管检查口盖是否有缺少或安装不紧等现象。

③ 下水主立管要求做通球检查。

4）地面管线。

① 检查管道区线是否划分到位，管道是否有走向标识。

② 检查暖气、冷热水隐蔽管线是否有跑、冒、滴、漏等现象。

③ 检查地埋管线是否有裸露现象。

5）供暖系统。

① 检查暖气片跑风是否离墙较近，无法使用放气工具，影响放气的现象。

② 检查散热器安装是否倾斜、不牢固；散热器表面是否有硬伤、划痕、污染，或有色差；是否有缺件（丝堵、跑风、装饰帽）等现象。

③ 检查暖气片的固定支架安装是否牢固（带有底部托卡的，是否能够起到托卡的作用）。

④ 检查暖气片供回水立管是否垂直，暖气管线有无超出地面裸露的现象。

⑤ 检查暖气片或给水管穿墙位置是否未做穿墙套管处理，套管内是否有未使用油麻填实等现象。

3. 装饰装修承接查验操作指南

（1）内墙面

1）表面平整光滑，阴阳角方正顺直，无明显抹纹，接槎平整，无空鼓开裂，批嵌细腻，无脱皮。

2）立面垂直允许偏差标准：普通工程小于4mm（高级工程小于3mm），表面平整度允许偏差标准：普通工程小于4mm（高级工程小于3mm）。

3）阴阳角要求垂直、方正，允许的偏差标准：普通工程小于4mm（高级工程小于3mm）。

4）预留洞、槽、管道等各面层及门窗框与墙面空隙填嵌密实，色泽一致，尺寸正确、方正、整齐、光滑。

5）墙体表面的细裂缝及空鼓处，经修补后应当能够保持与原墙面的色泽一致，无修补痕迹。

（2）顶棚、开间尺寸

1）验收标准与内墙面的验收标准基本相同，各房型房间的净高，开间长、宽尺寸符合设计标准。

2）开间尺寸两头应相等，允许偏差小于10mm。

3）顶棚在平整度方面应保证平顺。

（3）地坪

1）地坪表面平整，水泥颜色一致，清洁干净、无污染、无开裂空鼓、表面无麻面、不起砂。

2）水泥砂浆地坪用靠尺和塞尺检查平整度，允许偏差小于4mm，陶瓷地砖面层平整度允许偏差小于3mm。

3）踢脚线平整顺直，高度一致，无空鼓开裂，与墙面结合牢固，上下接槎平整，分色清楚，每面检查不少于3个点。

（4）进户门、电表箱门、弱电箱门、水表箱门

1）门框的正、侧面垂直，允许偏差小于3mm，框的水平允许偏差小于3mm，垂直允许偏差小于4mm。

2）门框与墙体间砂浆填嵌饱满均匀。

3）门窗扇开关灵活、关闭严密、无倒翘，门锁、拉手、插销、小五金、门碰安装齐全、无遗漏，安装位置准确、牢固，表面整洁无污染，油漆涂膜无缺

损、划伤，门锁开关灵活，钥匙插入拔出无卡阻现象。

4）表面平整，光洁无雀丝、划痕、毛刺、锤印和缺角、断角。

5）门扇开启灵活，不碰擦，无自开、自关、回弹现象。

6）电表箱、水表箱、弱电箱必须使用通锁。

（5）阳台

1）除符合楼面地坪要求外，不倒泛水、无积水、无渗漏，抗渗带高度一致，出墙厚度均匀，无空鼓开裂。

2）阳台墙面涂料无色差。

3）阳台挂落线宽度一致，出底板高度一致。

4）阳台栏杆表面无明显凹坑和损伤，栏杆整齐一致，位置正确。

5）阳台立管清洁无污染。

（6）卫生间、厨房间

1）墙面的细砂批嵌要求粗细一致、平整清洁，纹路上下顺直，无裂缝、不起壳，地坪平整。

2）给水进户阀门开启灵活，水表运转正常。

3）各排水管道灌水通球试验，每根管道试验 2min。

4）卫生间地面必须进行 24h 以上的闭水试验，必须以水覆盖满地面为准，达到不渗不漏，如图 5-15 所示。

（7）门窗

1）门窗框扇表面外观洁净，无划痕、碰伤、拉毛等现象。

2）门窗安装牢固，安装位置符合设计要求。

3）门窗开启过程灵活、轻便，无倒翘、阻滞及反弹现象，五金配件齐全完好，安装位置正确。

4）滑槽内无垃圾，排水孔通畅，玻璃表面洁净，无划伤、无气泡。

5）硅胶槽应当顺直，槽口的方向、宽度、深度符合设计要求，硅胶均匀，边缘整齐、光滑。

（8）楼梯走道

1）楼梯走道的墙面要求平整，阴阳角方正、顺直、清晰；斜板的表面平整，与梁等接点处保持水平。

2）梁的表面平整，梁的底部水平、高度宽度一致，腻子批嵌平整，无腻

图 5-15 卫生间闭水试验

灰、无波纹，涂料均匀、无色差。

3）楼梯挡水线、挂落线的宽、厚度保持一致，表面平整美观、颜色一致，阴阳角清晰明快。

4）楼梯栏杆焊接牢固，焊疤处理平整，木扶手拼接牢固，扶手背不弯曲，腻子批嵌密实，油漆表面涂刷后无锈斑、焊渣、毛刺等。

5）地砖铺贴平整，拼花图案清晰、色泽一致、表面清洁、不起壳、无裂缝，无碎块、掉角、缺楞，砖缝均匀顺直，楼梯踏步尺寸一致，无大小头，斜面一条线，靠尺检查平整度允许偏差小于4mm。

6）地砖边沿做圆角处理。

（9）外墙

1）墙面平整无空鼓开裂，大阳角、阴角挺拔通直，细砂批嵌均匀无接口，表面无明显波纹，阴阳角清晰；涂料均匀、无色差、无接痕、无污染，收头清爽。

2）窗台横平竖直，楞角线条清晰，窗框下槛圆弧光滑顺直；窗台排水不倒坡；窗台滴水槽顺直，二边粉刷相等，整齐一致。

3）阳台粉刷曲线和顺，阴阳角清晰明快，挂落线的厚度、宽度一致，细砂批嵌均匀，纹路顺直；涂料均匀，无色差，无起皱脱皮；上下阳台进出一致，梁底水平无翘裂，上口压顶流水向里。

4）空调板宽度保持一致、尺寸相同，左右上下横平竖直，阴角通直清晰，阳角方正顺直。

5）外墙勒脚线表面平整，无空鼓开裂，颜色一致无污染，上口水平、厚度相同、不弯曲；明沟里、中、外尺寸一致，转弯处和顺，月亮弯形状统一、无积水，排水流畅；伸缩缝宽度一致、不弯曲，油膏饱满，平整均匀无外溢。

（10）屋面

1）屋面地坪找坡准确，基层与突出屋面结构（女儿墙、排气管等）的连接处以及基层的转角处（水落口、天沟等）均应做成光滑圆弧形，防水卷材铺贴密实，卷材无孔洞、裂口、裂缝。

2）飘板、圆柱表面光滑平整，线角顺直，涂料均匀无色差。

3）油漆均匀，无流坠起皱、无锈斑，焊接饱满，无漏焊、脱焊现象；栏杆安装牢固、焊接饱满、接口平整、表面喷涂均匀、无损伤。

4）天沟排水通畅，无明显积水；整个屋面做24h闭水试验无渗漏，不合格范例如图5-16所示。

图5-16 施工不规范且影响排水效果的排水天沟

第六课　公用设施及电气系统部分承接查验操作指南

1. 公用设施承接查验操作指南

（1）车库

1）出入口应设置防洪闸；配置反光镜、监控镜头、收费道闸和岗亭。

2）车库拐弯和出入口有减速装置，如图6-1所示。

3）车位挡杆安装牢固。

4）车位号标识清晰。

5）停车场车位画线及走向与图纸相符并且合理、实用，如图6-2所示。

图 6-1 车库入口配置减速装置

图 6-2 车辆走向画线清晰

6)指示灯安装牢固,无过低现象,指示内容必须完整正确。

7)车库内有消防应急照明、疏散指示灯、安全出口指示灯,如图 6-3 所示。

8)地下车库墙面、顶棚平整,地面不反砂。

(2)消火栓、消火栓箱

1)消火栓箱内消防管、消防水带、消防枪头等配套齐全;箱门标志清楚,

第四部分 物业承接查验大课堂

图 6-3　地下车库指示灯规范实用

玻璃安装牢固，门锁开启自如；消防管无渗漏，阀门完好。

2）消火栓油漆均匀，无少刷、漏刷现象；阀门完好，无渗漏水。

（3）沥青道路

1）道路铺设符合设计及规范要求；表面无裂缝及明显接槎痕迹，铺设顺直、泄水畅通、无积水现象。

2）表面平整度符合规范要求。

3）道路宽度允许偏差、横坡允许偏差符合规范要求。

4）道路无断裂、表面平整，无积水、起砂、空鼓、损伤。

5）路边石砌筑整齐，灰缝饱满、无损伤。

6）雨水口箅子、检查井盖等高出路面部分符合规范要求，如图 6-4 所示。

7）块料面层拼砌整齐、平整稳固，块料面无裂纹、无缺棱掉角，不合格范例如图 6-5 所示。

8）路牌标志清楚，如图 6-6 所示。

9）地面线条顺直。

（4）混凝土道路

1）路面的平整度符合规范要求。

2）路面坡度符合设计要求，无积水现象。

3）混凝土路面应无裂纹、脱皮、麻面和起砂等缺陷。

图6-4 安装标准规范的雨水口箅子

图6-5 路面不平整导致块料破损

4)混凝土路面的纵缝、横缝符合规范要求。

(5)邮政信报箱

1)由单元信报箱组合成的信报箱群整体不得有松动、不整齐现象。

2)格口门外表面、格口隔板上的适当位置应采用金属标牌或油漆喷印等方式标示住户楼号、单元号、户号。

3)室外安装的信报箱应具有相应抗风能力,并应该具备防雨设施;下雨

图 6-6 路牌标示清晰美观

时，信报箱格口内不应有渗水现象。

（6）物业服务用房

1）物业服务用房的建筑质量、使用功能应符合标准规定。

2）物业服务用房应经装修可供直接使用。

3）员工食堂应当结合小区面积、员工人数等情况，具体面积由物业服务企业来确定，房屋有排烟、上水、排水和通风设施。

4）员工宿舍原则上不能设置在地下，设置在地下的宿舍应有能直通地面的自然透气窗，装修要求按物业公司设计要点确定；物业服务用房应当尽可能集中。

（7）小区景观、小品、水系

1）按图布置各景点，坐标位置正确。

2）各分项按土建、给水排水、电器部分相应检查标准执行；绿化用水必须计量，水泵要进行试压，灯光布置系统须进行线路绝缘测试和通电试验。

3）小区内道路平整，陶板砖铺设整齐、无松翘，分界处层次清晰，集水井分布合理，无积水现象。

（8）清洁配套设施

1）在小区道路周边及园区内适当位置，合理设置垃圾分类收集箱（桶），大小适当，外观与小区整体风格相匹配。

2）确定标准层设置垃圾桶的数目，摆放位置的地面及墙壁贴瓷砖。

3）垃圾分类收集箱（桶）安装牢固无松动，并考虑风吹影响及清洁方便。

4）金属垃圾分类收集箱（桶）应做防锈蚀处理。

5）电梯厅配置与环境和功能相配套的立式烟灰桶。

6）地下车库合理设置垃圾收集箱及清洁水源，水源处设置排水设施。

7）外围地面应合理设置清洁水源，水源处需设置排水设施。

8）垃圾中转站的设置应当合理，地上中转站设在小区夏季下风口处，地下中转站保证排风与运渣车的通行。

9）垃圾中转站的内部地面、墙面应当贴釉面瓷砖。

10）垃圾站内应配置给水排水设施，规模应与实际情况相匹配，异味不影响业主正常生活。

(9) 室外电井、弱电井及水井

1）井内无建筑垃圾、积水，不合格范例如图 6-7 所示。

图 6-7　室外电井内存在建筑垃圾

2）井盖标识必须与实际用途相符。

3）较深的井内必须有爬梯，井内应当有积水坑。

(10) 围（护）栏（墙）

1）设计安装围栏应预留监视系统和报警系统的安装位置。

2）安装应牢固可靠，焊点平滑、无脱漆、锈蚀等现象，粉刷应平整无流坠、颜色一致。

(11) 指示标志

1) 指示方向醒目、准确无误；安装牢固、无松动。

2) 金属指示标志及其连接件应做防锈蚀处理。

3) 指示标志的色彩、规格、安装位置、高度与景观相协调，如图 6-8 所示。

图 6-8　美观清晰的标示

4) 涉及业主日常安全使用物业的部位，需要提示保护环境的位置应当设置警示标志，警示内容明确，字迹清晰。

(12) 商铺

1) 从后期实际情况出发，综合考虑预留商铺广告牌的安装位置，如图 6-9 所示。

2) 商铺消防设施应当符合消防规范要求，应有疏散指示灯、消防平面图、配置足够的灭火器材等消防设施及消防器材。

3) 每个商铺应有独立的供电、供水、供热、排水系统，水、电、气、暖表安装在方便抄表的位置。

4) 公共通道应采用节能灯具。

5) 公共区域应设置垃圾桶。

(13) 公布栏

小区应在主要出入大堂出入口设置信息公布栏，如图 6-10 所示。

图 6-9　商铺上端预留广告牌位置

图 6-10　美观实用的大堂信息栏

2. 电气系统承接查验操作指南

（1）高压供电设备、直流屏

1）外观查验有铭牌，柜内元器件无损坏丢失，接线无脱落、脱焊，蓄电池柜内的电池壳体无碎裂、漏液，涂层完整，无明显碰撞凹陷，如图 6-11 所示。

2）对高压柜的连锁功能、自投自复等功能进行试运行查验，应无异常。

第四部分 物业承接查验大课堂

图 6-11 高压供电设备

3）操控台均需配备绝缘垫，如图 6-12 所示。

图 6-12 操控台配备绝缘垫

4）配备齐全高压用具：绝缘靴、绝缘手套、绝缘毯、验电笔、接地线、配电柜维修用小车、模拟板等。

（2）干式变压器

1）外观查验有铭牌，附件齐全，绝缘件应无裂纹、缺损和瓷件瓷釉损坏等

· 115 ·

缺陷，外表清洁、涂层完整。

2）所有连接应可靠，紧固件及防松零件齐全。

3）接地装置引出的接地干线与变压器的低压侧中性点直接连接；变压器箱体、干式变压器的支架或外壳应接地，如图6-13所示。

图6-13　干式变压器

4）通风及温控设备应安装牢固、工作正常。

5）变压器进行5次空载全电压冲击合闸试验应无异常；变压器试验合格后，应空载运行24h。

（3）低压配电柜

1）盘、柜的固定及接地应可靠，盘、柜漆层应完好、清洁、整齐，如图6-14所示。

2）盘、柜内所装电器元件应齐全完好，安装位置正确，固定牢固。

3）所有二次回路接线准确、连接可靠，标志齐全清晰，绝缘符合要求。

4）手车或抽屉式开关柜在推入或推出时应当灵活无阻碍，机械闭锁安全可靠，照明装置齐全。

5）柜内一次设备的安装质量验收要求符合国家有关标准规范的规定要求。

6）盘、柜及电缆管道安装完成后，应做好封堵。

图 6-14 低压配电柜

7）操作及联动试验正确，符合设计要求。

8）配电箱盘面垂直，箱体高 50cm 以下，允许偏差 1.5mm；箱体高 50cm 以上，允许偏差 3mm。

9）配电箱元件齐全、接地正确、线材色标正确，排列清楚、接触严密。（相线为黄线、绿线、红线，零线为蓝线，接地线为绿黄双色线）。

10）低压配电标示齐全、清晰。

（4）照明配电箱（盘）

1）安装位置正确、部件齐全，箱体开孔与导管管径适配，暗装配电箱箱盖紧贴墙面，箱（盘）涂层完好。

2）箱（盘）内接线整齐，回路编号齐全，标识正确。

3）箱（盘）安装牢固，垂直度允许偏差值为 1.5‰；底边距地面为 1.5m，照明配电板底边距地面不小于 1.8m。

4）箱（盘）内的配线应当整齐，无绞接现象；导线连接应当紧密，不伤芯线、不断股；垫圈下螺钉两侧压的导线截面面积应当相同，同一端子上导线连接不超过 2 根，防松垫圈等零件应当齐全。

5）箱（盘）内开关动作灵活可靠，带有漏电保护的回路。

6）照明箱（盘）内，应当分别设置零线和保护地线汇流排，零线和保护地线经汇流排配出。

(5) 发电机组

1) 依据装箱单核对主机、附件、专用工具、备品备件及随机携带的技术文件、资料，查验合格证和出厂试运行记录，发电机及其控制柜有出厂试验记录。

2) 外观查验有铭牌，机身无缺件，涂层完整，如图 6-15 所示。

图 6-15　发电机组外观

3) 按设计的自备电源分配预案进行负荷试验，机组连续运行 12h 无故障。

4) 发电机至低压配电柜馈电线路的相间、相对地间的绝缘电阻值可使用 500V 绝缘电阻表进行绝缘检测。

5) 发电机馈线端与原供电系统之间使用相序仪（或万用表）进行相序校对。

6) 柴油发电机馈电线路连接后，两端的相序必须与原供电系统的相序一致。

7) 具备专用油库，内设专用排烟道。

(6) 电缆

1) 电缆规格应符合规定标准要求，并排列整齐，无机械损坏；标志牌应装设齐全、正确、清晰。

2) 电缆的固定、弯曲半径、距离和单芯电力电缆的金属护层的接线、相序排列等应符合规范要求。

3) 电缆终端、电缆接头应牢固。

4) 电缆沟内应无杂物，盖板齐全。

5）接地应良好，相色应正确，电缆支架等金属部件防腐层应完好。

6）直埋电缆的路径标志应当与实际路径的标志完全相符，路径标志应当清晰、牢固、间距适当。

（7）用电设备

所有用电设备外观查验应当有铭牌，附件齐全，电气接线端子完好，设备器件无缺损，涂层完整。

（8）防雷与接地

1）电动机、电加热器及电动执行机构的可接近裸露导体必须接地，电动机、电加热器绝缘电阻值应大于 0.5Ω。

2）避雷装置的规格符合设计要求，4mm（厚度）×25mm（宽度）镀锌扁钢，焊接不应少于 3 个面，两个长边必须焊接，搭接长度为宽度的 2.5 倍；避雷带及引下线焊接符合规范要求，圆钢焊接搭接倍数为圆钢直径的 6 倍。

3）检查避雷检测部门出具的避雷检测报告，应为合格。

4）检查避雷线有无损坏、变形、锈蚀。

5）检查网格有无损坏、变形、锈蚀。

6）检查支撑点、搭接点的焊接处是否良好、牢靠、无断缝，是否已经进行了防腐处理（刷银粉）。

7）检查断线卡螺栓有无松动锈蚀；压接面连接是否紧密、可靠、无氧化。

8）全面测试防雷设施的接地电阻是否符合设计要求的阻值，无明确数值时应当小于 10Ω。

（9）开关、插座（含电视机、电话、可视对讲、宽带网）

1）开关、插座面板并列安装高差允许偏差为 0.5mm；每户内面板高差允许偏差为 5mm；面板的垂直度允许偏差为 0.5mm。

2）线材色标合理、接线正确、左零右相，相线为红线，零线为蓝线，接地线为绿黄双色线，接地接触紧密。

（10）公共照明及园林路灯

1）各灯位的位置及线路走向与竣工图纸位置相符。

2）灯杆接线端子连接牢固、无烧黑、虚接等现象。

3）灯杆安装牢固、无倾斜。

4）声光控制开关运行正常，无不亮或少缺灯具现象。

5）各部位照明系统安装齐备，控制合理。

6）园林电气配电箱系统图粘贴到位，内设时控装置。

7）各类路灯底座安装与地面距离无过低及影响后期维修、易腐蚀等现象。

（11）消防应急照明

1）所有机房、地下车库均需配备应急照明装置，如图6-16所示。

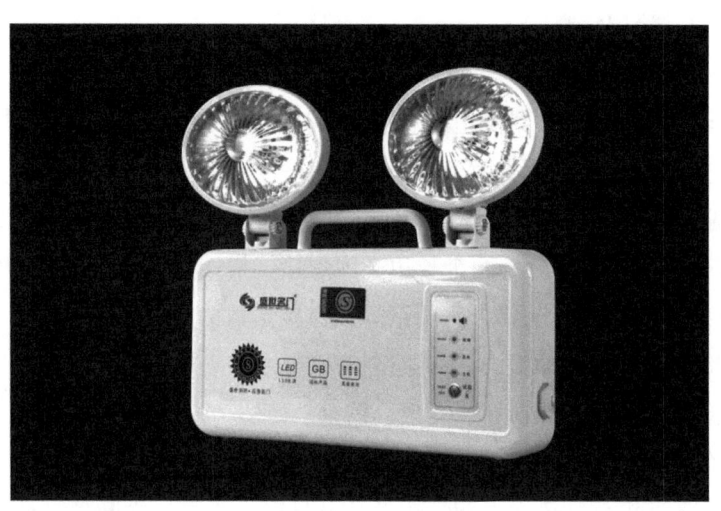

图6-16　应急照明装置

2）新建工程消防应急照明灯的应急工作时间不应小于90min，且不小于灯具本身标明的应急工作时间。

3）正常交流电源供电切断后，消防应急照明灯应顺利转入应急工作状态；自带电源型的消防应急照明灯，其应急转换时间应不大于5s。

4）自带电源型消防应急照明灯应设置主电、充电、故障状态指示灯，主电状态用绿色，充电状态用红色，故障状态用黄色；集中电源型消防应急灯应设主电和应急电源状态指示灯，主电状态用绿色，应急状态用红色；主电和应急电源共用供电线路的消防应急灯只可用红色指示灯。

（12）电表计量

1）电表及开关闸安装齐备，各开关闸上下口压线牢固，无松动脱落。

2）控制部位标识清晰，电表控制正确、无损坏，逐级计量。

（13）电器回路测试

1）通电测试漏电开关短路保护，过载保护动作可靠。

2）绝缘测试导线间和导线对地间的绝缘电阻值必须大于 0.5MΩ。

（14）电动机

1）电动机性能应符合周围工作环境的要求。

2）电动机转子应灵活，不得有碰卡声。

3）润滑脂情况正常，无变色、变质及变硬现象；其性能应符合电动机的工作条件。

4）电动机转动方向要符合要求，无杂声。

5）电动机引出线焊接或压接良好，编号齐全。

6）电动机转动时各部件温度不应超过产品技术资料的规定。

第七课　电梯系统部分承接查验操作指南

1. 工作条件

1）机房温度保持在 5~40℃ 之间。

2）供电电压波动在额定电压的 ±7% 范围内。

3）湿度应保持在电梯及检验所允许的范围内。

4）环境空气不应含有腐蚀性和易燃性气体及导电尘埃。

工作条件不符合情况如图 7-1 所示。

图 7-1　杂乱的电梯机房

2. 配套工具及电梯钥匙

松闸扳手、松闸专用工具、盘车手轮（一梯一套）、电梯厅门钥匙、锁梯钥匙、面板钥匙等齐全，如图7-2所示。

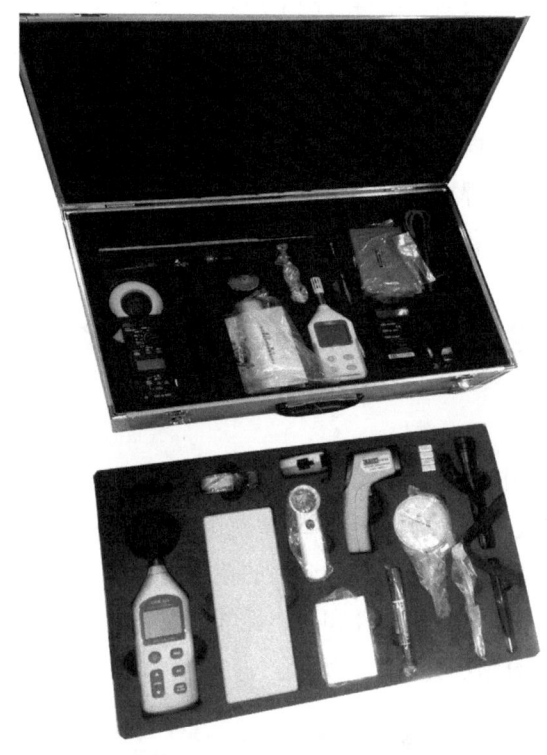

图7-2　常备电梯配套工具

3. 机房机器设备及相关设备

1）应当在任何情况下均能够安全方便地使用通道；采用梯子作为通道时，必须符合以下条件：

① 通往机房或者机器设备区间的通道不应高出楼梯所到平面4m。

② 梯子必须固定在通道上而不能被随意移动。

③ 梯子高度超过1.5m时，其与水平方向的夹角应当在65°~75°之间，并不易滑动或者翻转。

④ 靠近梯子的顶端应当设置把手，便于操作人员攀爬。

2）机房通道门的宽度应当不小于0.6m，高度应当不小于1.8m，并且门不得向房内开启；门应当装带有钥匙的锁，并且从机房内不用钥匙打开；门外侧应当标明"机房重地,闲人免进",或者有其他类似警示标志。

3)通道应当设置永久性电气照明。

4)起重吊环荷载吨位应为永久性标记。

4. 曳引装置安装质量

1)曳引机底座固定,双螺母锁紧(螺母朝上);减振防跳、胶垫位置、数量及压实情况,防跳螺栓、顶压板及穿钉等安装应符合产品要求。

2)钢丝绳孔洞每边间隙为20~40mm,四周围台高度大于50mm。

3)电动机或飞轮上应有与轿厢升降对应的标志;各轮外侧面应漆成黄色;曳引绳漆出轿厢在各层的平层标记,并将其识别图表挂在易观察的墙上。

4)制动器的销轴、销钉、挡圈齐全,闸瓦、制动轮工作面清洁;动作灵活可靠,闸瓦紧密贴合在制动轮工作面上;松闸时,闸瓦间隙调整应符合产品的设计要求;线圈铁芯吸合不撞击,其间隙、弹簧压力应当符合产品要求。

5)防腐油漆无遗漏,外观油漆涂层均匀光亮,漆膜黏附牢固。

6)各部调整正确,活动部分转动灵活,调节部位应有可靠锁定。

7)部件连接与焊接紧固件、粘接部件、铆接部件应牢固可靠;焊接部位应焊缝均匀、无裂纹、焊瘤,焊口强度不低于母体的强度极限。

5. 轿厢组装质量

1)门刀垂直度不超过0.5mm,与门球两侧间隙均匀,如图7-3所示。

2)轿门中分门缝不超过1mm,门关闭后,门扇之间及门扇与立柱、门楣和地坎之间的间隙应尽可能小;对于乘客电梯,此运动间隙不得大于6mm;对于载货电梯,此间隙不得大于8mm。

3)轿顶反绳轮防护罩挡绳装置齐全可靠,润滑良好。

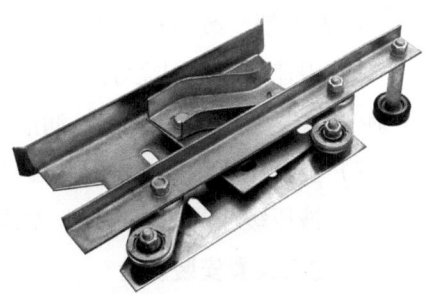

图7-3 电梯门刀

4)护脚板垂直高度不少于75cm。

5)轿顶护栏安装牢固,高度符合标准要求。

6)轿内扶手平正牢固,其位置和高度应符合产品设计要求。

7)灯箱板固定牢靠,塑料灯箱板无破损、缺失。

6. 悬挂装置安装质量（曳引绳、限速器绳、补偿链、补偿绳）

1）曳引绳、补偿绳及限速器绳无打结、死弯、扭曲、断丝、松股、锈蚀等不符合规范要求的现象。

2）绳头组合螺母锁紧，销钉开口、二次保护钢丝绳牢靠。

3）补偿缆（链）两端固定可靠、螺母锁紧、锁钉齐全，并加钢丝绳进行二次保护；不得与井道内任何部件碰撞或摩擦，并有消声措施；当轿厢在最高位置时，补偿链距离底坑地面不小于100mm。

4）对重装置间距规范、牢固，与轿厢保持最小50mm间距，对重不松动。

5）弹性导靴伸缩范围不超过4mm，压力均匀、不歪斜、中心一致。

6）滚轮导靴压力均匀、不歪斜、中心一致。

7）对重反绳轮挡绳装置、防护装置，安全、可靠、润滑良好。

8）下撞板加装补偿墩2～3个。

9）对重安全防护网底部距离地面30cm，向上延伸到至少2.5m的高度。

10）补偿绳张紧装置砣框距地面型钢不小于20cm；防砣块跳出挡板牢固可靠；挡绳装置、防护罩齐全可靠、润滑良好。

11）同井道并存多台电梯时应设井道隔障，从轿厢或对重行程最低点延伸到最低层站楼面以上2.5m；如果轿厢顶部边缘和相邻电梯运动部件水平间距小于0.5m，隔障应贯穿全井道。

7. 限速器、缓冲器安装质量

1）限速器的封记完好无拆痕，标明安全钳、闸块动作相应方向；安装位置正确，运转平稳、动作正确、润滑良好；底座牢固，当与安全钳联动时无颤动。

2）上行超速保护装置安装位置正确、动作正确、润滑良好。

3）液压缓冲器柱塞垂直、无锈蚀，均应设有电气安全开关。

8. 电气装置安装质量

1）每台电梯应当独立装设电源开关，如图7-4所示，位置在机房入口处，易识别、容量适当，高度符合要求；在断开位置应当能用挂锁或其他等效装置锁住，以防误操作；且不应切断照明、通风、插座及报警电路。

2）机房照明与电梯电源应分开设置，在机房入口处应当设置开关。

3）井道应设置永久性电气照明装置，在机房和底坑设置井道灯控制开关；在井道最高和最低处0.5m内各设一盏灯，再设中间灯。全程灯具的设置要求

第四部分　物业承接查验大课堂

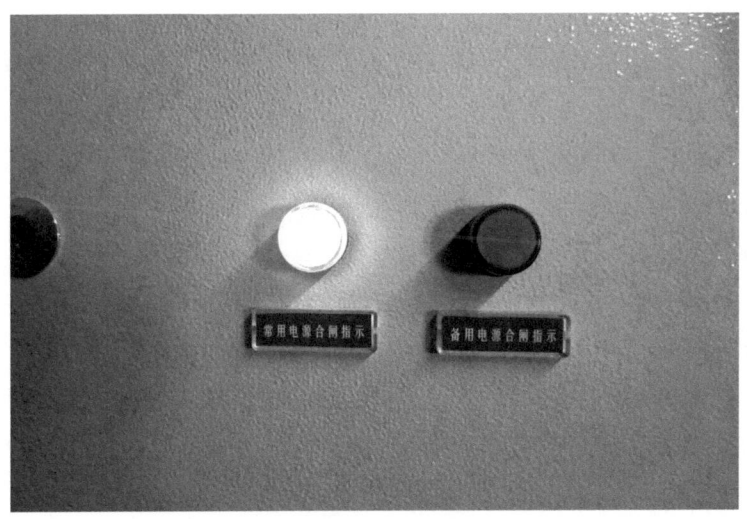

图 7-4　电梯电源开关

是：即使所有的门关闭，也保证轿顶面以上和底坑地面以上 1m 处的照度；对于部分封闭井道，如果井道附近有足够的电气照明，井道内可不设照明。电梯井道如图 7-5 所示。

图 7-5　电梯井道

4）轿厢内的照明和通风电路电源可由相应的主开关进线侧获得，并应当设开关进行控制。

5）轿厢顶部应当装设照明装置并符合要求、标志明显，采用直接供电或者安全电压供电。

6）所有电气设备的外露可导电部分均应可靠接地或接零；接地线与工作零线始终分开；接地线采用黄绿双色绝缘导线；接地干线的截面面积不得小于电源相线的截面面积。

7）控制屏柜布局合格、固定可靠，基础高出地面 50~100mm；正面距离门窗、维修侧距墙不小于 60cm，距离机械设备不小于 50cm。

8）各台电梯的供电电源应当单独敷设或采取隔离措施；机房、井道内应使用金属电线管槽，严禁使用可燃性的管槽。

9）电线槽的位置正确、安装牢固，每根线槽不应少于 2 点固定，接口严密，出线口无毛刺，槽盖齐全平整，便于开启。

10）层门召唤盒、指示灯盒盒体牢固平正，面板安装后应与墙面贴实，不得有明显变形和歪斜，高度、位置符合标准及产品设计要求。

11）遮挡板与感应器两侧间隙一致；双稳态开关与磁块间隙为 5~10mm；支架应用螺栓固定，以便上下、左右调整。

12）轿厢操作盘及显示面板应与轿壁贴实，洁净无划伤；按钮触动应灵活无卡阻，信号应清晰正确，无串光现象。

9. 随行电缆安装质量

1）随行电缆支架避免电缆与限速绳、钢带、传感器、限位开关、极限开关、对重装置等部件交叉。

2）电缆运动时，保证不与电线槽、管、支架等发生卡阻；电缆处于井道底部时，与缓冲器保持一定距离。

3）敷设长度应使轿厢缓冲器完全压缩后，随行电缆不得与底坑地面和轿厢边框接触；不运动部分电缆的固定间距不应大于 3m。

4）安装后不应有打结和波浪扭曲现象，多根并列时，长度应一致；两端应可靠固定，不得使电缆芯线受力。

10. 电气安全装置测试

1）断任一相电或错相，错段相保护装置起动，电梯停止，不能起动。

2）轿厢越程超过 50mm 时上、下限位开关起作用。

3）轿厢对重撞缓冲器之前，上、下极限开关起作用。

4）机房内紧急电动运行开关标明方向、主机位置。

5）限速器电气安全装置在动作之前或同时梯速不超过1m/s动作。

6）安全钳电气安全装置在安全钳动作以前或同时，使电动机停转。

7）张紧轮下落大于50mm时限速绳断裂，松弛保护装置动作。

8）缓冲器被压缩时，耗能型缓冲器复位保护安全触点强迫断开。

9）轿厢安全窗、安全门如锁紧失效，应使电梯停止。

10）轿门、层门的锁闭安全触点位置正确，无论是正常、检修或紧急电动操作均不能造成开门运行。

11）检修门、井道安全门不得朝井道内开启，关闭时，电梯才可能运行；当相邻两层门地坎间的距离超过1.1m时，其间应设置井道安全门；井道安全门高度不低于1.8m，宽度不少于0.35m。

12）消防专用开关返基站、开门、解除应答，运行、动作可靠。

13）对安全触点进行检查，盘车断电保护装置动作时电梯停止运行。

14）电梯上下行至平层后，轿厢地坎与各厅门地坎误差在规定范围值内。

11. 电梯主要功能测试

1）工作状态选择开关操纵盘上司机、自动、检修钥匙开关，可靠。

2）轿厢内照明、通风开关功能正确、灵活可靠、标志清晰。

3）轿厢内应急照明可以自动充电，电源故障时能够自动接通，至少可供1W灯泡用电1h以上。

4）按电梯停在某层的召唤按钮，应开门。

5）按"先入为主"的原则，自动确定运行方向。

6）有多个选层指令时，电梯按顺序逐一停靠。

7）记忆层站全部召唤信号，按顺序停靠应答。

8）电梯完成全部指令后，自动返回基站。

9）司机状态，按直驶钮后，层站召唤不能截车。

10）满载时截车功能取消，超载时不能运行。

11）基站锁梯开关专用钥匙运行、停止、转换灵活可靠。

12）使空载轿厢运行至最近层站后，消除登记信号。

13）警铃、对讲系统、外部电话使用应急电源。

12. 电梯安装质量检查

1）轿厢、轿门、层门及可见部分的表面及装饰应平整，不得有大于 3mm 凹进或凸出部分。

2）涂漆应光洁，色泽均匀、美观，漆层要有足够的附着力和弹力，不应出现漆膜脱落。

3）紧固件调整后应达到规定的锁紧力矩要求，不得脱落或松动。

4）保证各部位的位置正确；活动部位应运转灵活，相对位置及间隙应在规定的范围内；各部件应处于正常工作状态。

5）信号显示应明亮，各种标志应清晰，不应出现任何故障，如图 7-6 所示。

图 7-6　电梯内信号显示正确

6）检查电梯安全检验合格证，如图 7-7 所示。

7）电梯轿厢内需安装安全乘梯须知等提示，如图 7-8 所示。

第四部分　物业承接查验大课堂

图 7-7　电梯安全检验合格证

图 7-8　乘梯须知

第八课　安全防范系统及消防系统承接查验操作指南

1. 安全防范系统承接查验操作指南

（1）视频安防监控系统

1）视频安防监控系统的防范范围、重点防范部位和要害部门的设防情况、防范功能以及技防设备的独立运行应达到设计要求，不应有防范死角，如图 8-1 所示。

图 8-1　规范的视频安防监控系统

2）对云台转动、镜头、光圈的调节、调焦、变倍，图像切换、防护罩功能进行检测，要求控制调节平稳，响应速度及时；防雨、防风、防尘罩的密封性良好。监控云台如图 8-2 所示。

3）对视频安防监控系统的监控范围、现场设备的接入率及完好率进行现场逐一查验；系统连续开机，查验开通稳定运行时间，均应符合系统设计要求。

4）视频安防监控系统的图像存储设

图 8-2　监控云台

备应保存至少 30 天或按《物业服务合同》规定的图像记录时间存储。

5）在控制室内逐一查验矩阵监控主机的切换、遥控、编程、巡检、报警联动、视频报警联动、图像识别标志、记录等功能，均应符合系统设计要求。

6）管理机、监控主机、监视器、显示器等设备运行情况良好，布线规范无杂物，如图 8-3 所示。

7）矩阵键盘无损坏，遥杆灵活有效，电源卫生清洁，温升正常。

8）调制器、解调器、分配器画面处理器外观良好、接线紧固。

9）云台、摄像头等固定牢固，支撑杆地脚螺栓无松动，铁件部分完好无损，无掉漆、锈蚀等现象。

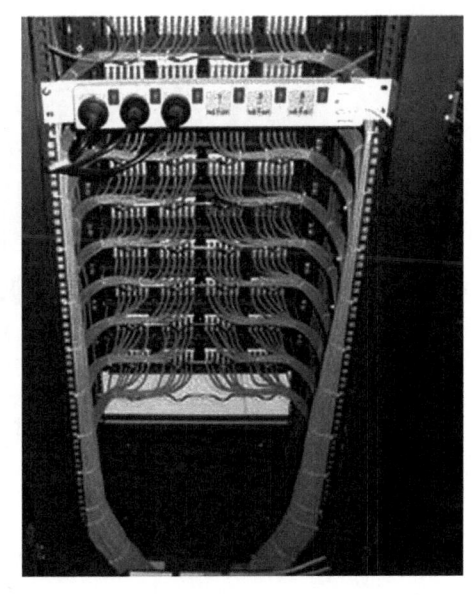

图 8-3　规范的监控设备布线

10）图像的检索、查找、视频切换、摄像机点位编号和地址位置文字描述、时间及日期显示以及编程等功能，达到上述功能的控制实现及平稳操作，并符合系统设计要求。

11）视频安防监控系统设备应 100% 全部检测合格。

（2）停车管理系统

1）进行车辆探测器对出入车辆的探测灵敏度检测，抗干扰性能检测。

2）进行自动栅栏升降功能检测，防砸车功能检测，栅栏式道闸如图 8-4 所示。

3）进行发卡（票）器功能检测，吐卡功能应正常，入场日期、时间等记录应正确。

4）对具有图像识别功能的停车管理系统应分别检测出、入口车牌和车辆图像记录的清晰度，调用图像信息的符合情况。

5）停车管理系统主机应保存至少 30 天或按合同规定的车辆出入记录数据以及能够长效保存发卡记录。

图 8-4 栅栏式道闸

6) 读卡器功能检测,应具备对无效卡的识别功能;非接触 IC 卡读卡器还应检测读卡距离和灵敏度,应与设计指标相符。

(3) 电子巡查管理系统

1) 查验巡查管理系统对巡查人员的监督和记录情况、安全保障措施和对意外情况及时报警的处理手段。

2) 查验巡查管理系统编程、修改功能以及撤防、布防功能。

3) 按照巡查路线图检查系统的巡查终端、读卡机的响应功能。

4) 现场与巡查管理系统、控制室相结合,按照上述要求进行逐点检测,检测过程中应做测试记录。

(4) 可视门禁对讲

1) 各对讲单元机、管理员机安装位置合理,与竣工图纸相符,并且能达到设计功能。

2) 各单元门禁刷卡系统应当设置防雨设施,如图 8-5 所示。

3) 各单元门禁刷卡灵敏度能够满足设计要求,开关按钮灵活,闭门器吸合力到位,如图 8-6 所示。

4) 室内机必须安装牢固,通话质量优良,可视屏图像清晰,电控锁具开启灵活,可视摄像头能够满足白天、夜间图像的清晰度要求,访客呼叫键采用直按式。

(5) 红外线报警系统

第四部分　物业承接查验大课堂

图 8-5　入户门禁上方设置标准雨挡

图 8-6　门禁（刷卡）读感器

1）系统的配置必须满足设计功能的要求，安装牢固，报警点沙盘显示正确，可与视频安防监控系统联动，雨天、雾天、大雪天不会发生误动作；可在不少于 3 个月时间内进行验证。

2）报警的时间、地点将自动地存储在计算机的数据库中，可查询。

3）围墙穿越报警系统在发生线路短路或断路时会引起控制器报警。

4）红外线探测器安装牢固，布置合理，达到设计要求，无监测遗漏部位，运行正常。

5）微波、红外线双鉴式移动物体探测器被触发时，监控中心的红外线报警系统控制柜能发出报警信号并在平面上显示报警发生的地段。红外线报警系统如图 8-7 所示。

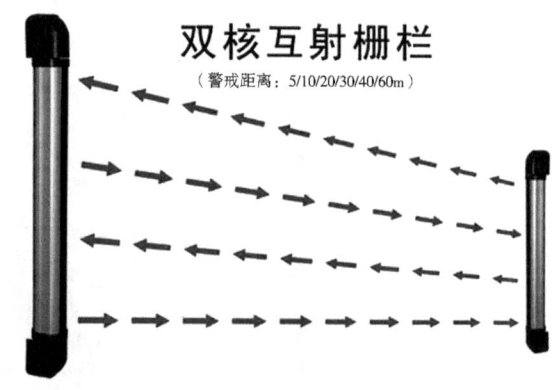

图 8-7　红外线报警系统

（6）电子巡更系统

1）巡更点要布置合理，贴放牢固，要做防水防锈处理，如图 8-8 所示。

图 8-8　巡更点

2）依据点位图核对数量准确。

2. 消防系统部分承接查验操作指南

（1）消防电源

1）消防应急配电系统首端互投设备的自动切换功能应进行 3 次以上的试验，每次切换均应正常。

2）消防水泵、消防电梯等消防用电设备电源（包括直流备用电源）的自动切换功能应进行 3 次以上的试验，每次切换均应正常。

3）对安全疏散指示标志进行逐一检查并对其功能进行逐一测试，标志应完好，功能发挥应正常，如图 8-9 所示。

图 8-9　安全疏散指示标志

（2）自动喷水灭火系统、喷淋系统

1）测试低于消防水位时应当能自动补水，补水结束后，自动补水装置应当能自行关闭并无跑、冒、滴、漏现象。

2）对消火栓操作起泵按钮全部进行测试，测试过程中可按 5%～10% 抽样进行消防泵的联动测试，剩余只测试到联动模块即可。

3）对末端消火栓进行放水，观察消火栓稳压泵起动是否正常。

4）现场手动开关喷淋水支路总水管和干、湿式报警上的信号蝶阀，中控室观察报警信号是否正确。

5）工作泵、备用泵转换运行 1～3 次，采用模拟信号测试消火栓稳压泵轮换起动功能,现场手动起动消防泵,检查水泵运行是否正常。

6)由中控室远程起动雨淋水泵,检查水泵起动应当正常。喷淋系统如图8-10所示。

图8-10 喷淋系统

(3)火灾自动报警设备及应急广播系统

1)火灾探测器(包括手动报警按钮)和火灾报警控制器,应当分别按实际安装数量,进行模拟火灾响应和故障报警试验;试验时每个功能应重复1~2次。火灾声光报警器如图8-11所示,火灾(定位)显示器如图8-12所示。

图8-11 火灾声光报警器

第四部分 物业承接查验大课堂

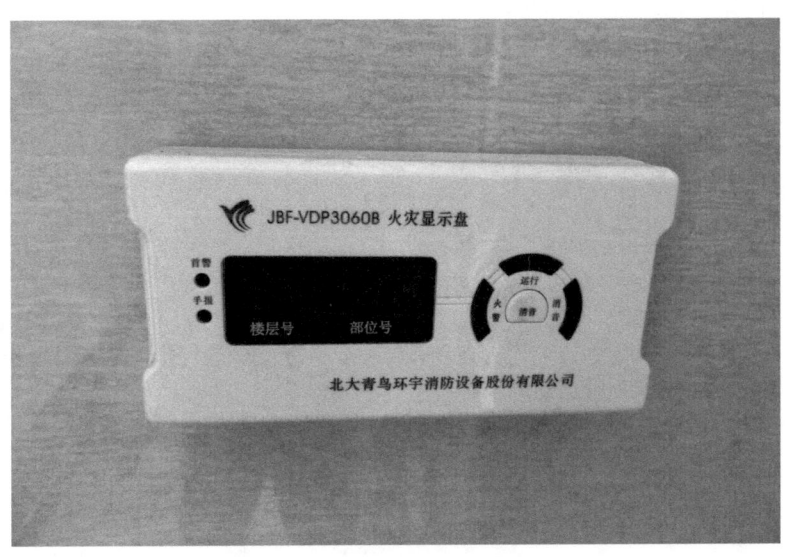

图 8-12 火灾（定位）显示器

2) 在消防控制室进行选层广播功能测试，消防广播主机如图 8-13 所示。

3) 对消防通信设备进行通话功能、共用部分内的火警电话与中控室通话试验，如图 8-14 所示。

图 8-13 消防广播主机

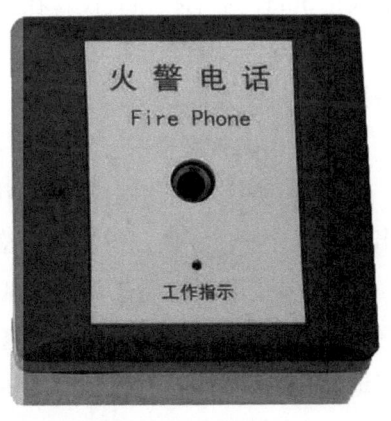

图 8-14 火警电话

（4）火灾手动报警系统

1) 火灾手动报警系统型号规格符合设计要求，组件应完整，有明显标志，安装应牢固,不得倾斜,如图 8-15 所示。

图 8-15　火灾手动报警按钮

2）火灾手动报警按钮应安装在距离地面高度 1.3～1.5m 处,启动按钮,按钮处应当有可见光指示。

3）从一个防火分区的任何位置到最邻近的一个手动报警按钮的步行距离不应大于 30m,手动按钮宜设置在公共场所的出入口处。

4）操作报警按钮启动部位,应输出火灾报警信号,直到启动部位复原,报警按钮方可恢复原状态。

（5）消防控制柜

1）消防控制柜铭牌应提供消防控制柜型号、规格及合格证,其控制功能应当符合设计要求；控制柜的文字符号和标志应明显、清晰。

2）安装尺寸的规范要求。盘前操作距离：单列布置时不应小于 1.5m,双列布置时不应小于 2m；盘后维修距离不应小于 1m；落地安装时,其底部应高出地面 0.1～0.2m；控制盘安装应牢固,不得倾斜。

3）控制柜内布线的规范要求：不同电压、不同电流类别导线的端子应当分开,标志齐全,且布线整齐、清晰、牢固。

4）控制盘外部接线应整齐,端部应有明显标志；外接导线应当采用镀锌管保护,当外接导线采用金属软管时,长度应小于 2m。

5）控制盘面应能显示消防设备动作和部位的信号指示；消防控制柜应当有接地保护，并具备应急电源。

6）对联动对象应有手动和自动控制功能；对非自动控制设备应有手动控制功能；火灾发生时，能联动有关的消防控制装置。

（6）防排烟系统设备

1）现场手动起动消防风机，风机正常运转后，手动关闭风机管道上的防火阀门，观察风机是否自动关停。

2）由消防中控室远程进行消防风机的起、停试验，查验是否正常。

3）将排烟系统风机配电箱设为自动状态，手动打开排烟风阀，观察消防风机是否正常起动。

（7）通风空调控制系统

应对所有的防火阀进行逐一检查，并对其功能进行逐一测试，要求防火阀动作完好，功能正常。

（8）气体灭火系统

气体灭火系统应当符合设计要求，设施设备完善。

（9）防火门、防火卷帘

1）防火门、防火窗应划分为甲、乙、丙三级，其耐火极限：甲级应为1.2h；乙级应为0.9h；丙级应为0.6h。

2）防火卷帘两侧温感、烟感均需经过测试并合格，控制线路的易熔金属片应当符合设计标准。

3）电动防火门、防火卷帘、通风空调和防排烟设备应当进行人工开、闭、联动控制试验。

4）设在疏散走道上的防火卷帘应在卷帘的两侧设置启闭装置，并应具有自动、手动和机械控制的功能。

5）防火门应为向疏散方向开启的平开门，并在关闭后应能从任何一侧手动开启。

（10）灭火器、消防枪、消防水带、室外消火栓

灭火器、消防枪、消防水带、室外消火栓的数量、型号符合设计规范，且均应保证在有效使用期内。室外消火栓如图8-16所示。

图 8-16　室外消火栓

第九课　给水排水系统部分承接查验操作指南

1. 给水管（室内）

1）给水阀门的位置准确，开关严密、灵活。

2）水表安装的位置应当正确、平整，水表进水口中心距离地面高度的偏差不得大于 20mm。

3）明敷管和管道井中，应当在管接口麻丝和管道口污物清理干净后，均匀刷防锈银粉漆。

4）每层管道内应设支架，管卡埋设牢固，管卡与管道接触紧密。

5）所有的给水管（含热水管）都需进行压力试验，并且符合规范标准。

2. 排水管（室内）

1）排水管安装完毕之后，管道井内的建筑垃圾和检查门处管道口的建筑垃圾应当清理干净。

2）检查口位置正确、清扫方便。

3）排水管每户洁具留口位置应准确，厨房、卫生间地漏高出防水保护层 2～3cm，阳台地漏低于地表面 0.5cm。

4）所有排水管灌水通球试验应当做到不渗不漏、排水通畅。

3. 空调、雨水管

1）每层应按规范标准安装伸缩节，伸缩节安装高度应统一。

2）管道支撑部件的间距应当保持统一，立管直径在 75mm 以上的支撑件的间距不大于 2m。

3）所有管道不堵不漏、排水通畅。

4）立管的垂直度允许偏差：每 5m 不大于 10mm，全高不大于 30mm。

5）雨水管口与排水明沟中心、月亮弯中心三点成一线。

4. 水泵、排污泵

1）离心泵和轴流泵的安装应保持水平。

2）水泵的地脚螺栓安装应当垂直，螺母、垫圈与泵接触应紧密拧紧。

3）出水管与水泵节的连接必须对正，牢固可靠。

4）底座与传动轴、泵管的中心线应当保持垂直，与泵管的连接法兰应当对准，螺栓安全紧固。

5）电动机转子轴孔与转动轴间隙应均匀。

6）离心泵、轴流泵填料函盖松紧应适当，温度不能过高。

7）电动机的电流不得超过额定值。

8）滚动轴承最高温度不得超过 70℃，滑动轴承最高温度不能超过 60℃。

9）运转中无较大振动，声音正常，各连接部分不得松动或泄露。

10）污水池内须配备一用一备两部排污泵。污水池排污泵如图 9-1 所示。

图 9-1　污水池排污泵

5. 水箱

1）泄水口、溢水口、通气孔等处应设置预防小动物钻入的安全措施。

2）水箱无渗漏、开裂等现象。

3）水箱间的门需达到防盗、防潮等要求。

4）水箱人行进出口应当加装盖板并上锁。

5）水箱内浮球阀无损坏、使用正常。生活水箱如图 9-2 所示。

6. 紫外线消毒器

1）紫外线消毒器安装位置合理，方便后期维修及更换灯管。

图9-2 生活水箱

2）灯管的设置应根据紫外线照射面上的紫外线强度均匀分布。

3）承压筒体的工作压力不应小于0.60MPa，试验压力不应小于0.90MPa。

4）设备表面应喷涂均匀、颜色一致，表面应无流痕、起泡、漏漆、剥落等现象。

5）设备外表整齐，无明显锤痕和不平，盘面仪表、开关、指示灯、标牌应牢固端正。

6）设备外壳及骨架的焊接应牢固，无明显变形。

7）消毒器上应设有进出水管、泻水管以及取样管。紫外线消毒器如图9-3所示。

7. 供回水管线及暖沟

1）管线保温包扎到位，各管线有分类标识及走向标识，标识正确，与竣工图纸相符。

图9-3 紫外线消毒器

2）各部位的阀门开关灵活，无缺少把手及跑、冒、滴、漏等现象，各阀门标识牌必须齐全。

3）各供回水管线无跑、冒、滴、漏现象。

4）整个暖沟层有地漏泄水设置。

8. 室外排水工程

1）室外管道及窨井按设计规范进行施工，标高及坡度应符合设计要求，无倒坡现象，并进行冲水和闭水试验。

2）进行管道系统试验，系统无外泄，排水通畅。

3）窨井布置合理，出水口四周封闭紧密，粉刷符合要求。

4）各窨井盖完整无缺，无翘裂、断裂、变形，并易于开启。窨井工程不合格范例如图 9-4 所示。

图 9-4　窨井工程破损

第十课　绿化工程部分承接查验操作指南

1. 绿地

1）按规划设计要求构筑地形；表面整洁、平整，无积水、坑洼。

2）无建筑垃圾、宿根性杂草、树根及其他杂物、废弃物。

3）道牙处绿地需低于路面 2～5cm。

4）草坪种植地、花卉种植地、播种地施足基肥，翻耕 25～30cm，搂平耙细，去除杂物，平整度和坡度符合设计要求。绿地设计不合理范例如图 10-1 所示。

图 10-1　草坪、花卉种植地坡度设计不合理易导致雨水倒灌

2. 种植材料

1) 种植植物的根系发达、生长茁壮、无病虫害，规格及形态符合规划设计要求。

2) 栽植草坪用的草块及草卷规格一致、边缘平整，杂草不超过 5%，草块土层厚度为 3~5cm，草卷土层厚度为 1~3cm。

3) 一、二年生花卉，株高应为 10~40cm，冠径应为 15~35cm，分枝不应少于 3~4 个，叶簇健壮、色泽明亮。

4) 球根花卉根茎茁壮、无损伤、幼芽饱满，宿根花卉根系完整、无腐烂变质；观叶植物叶色应鲜艳，叶簇丰满。

5) 植物的品种、规格符合规划设计规定的要求；植物应有苗木检验合格证书及苗木出圃单。

3. 树木种植

1) 种植带土球树木时，不易腐烂的包装物必须在栽种前拆除。

2) 按设计图纸要求核对苗木品种、数量、规格及种植位置。

3) 规则式种植保持对称平衡，依行种植或依列种植的树木在一条直线上，相邻植株规格合理搭配，高度、干径、树形近似，种植的树木应当保持直立，不倾斜。

4)树木观赏面朝向合理,造型应丰满、姿态完美;孤植树冠幅完整,林缘线、林冠线符合设计要求。

5)种植的绿篱,篱株行距应当保持均匀,树形丰满的一面应向外,按苗木高度、树干大小均匀搭配。

6)在苗圃修剪成型的绿篱,种植时按造型拼栽,深浅一致。

7)乔、灌木栽植的位置与住宅建筑物、道路、配电箱的距离符合相关设计标准的规范要求。

8)树木栽种要充分考虑美观、长期维护与防止水土流失,如图10-2所示。

图10-2 美观、便于维护与防止水土流失的树木栽种

4. 草坪、花卉种植

1)高矮不同品种的花苗混植时,应按先矮后高的顺序种植,如图10-3所示。

2)花卉种植面积及数量符合设计要求;种植花卉的各种花坛(花带、花镜),应按照设计图定点放线,在地面准确划出位置及轮廓线。

3)草块应选择无杂草,生长势好的草源。

4)草块密铺应互相衔接不留缝隙,铺间的间隙应均匀,并填以种植土,草块铺设后应滚压、灌水。

5)水生花卉应根据不同的种类、品种及习性进行种植,为适合水深的

图 10-3　按高低排序种植绿植

要求，可砌筑栽植槽或用缸盆架设水中，种植时应牢固埋入泥中，防止浮起。

5. 屋顶绿化

1）屋顶绿化种植，必须在建筑物整体荷载的允许范围内进行。

2）应具有良好的排灌、防水系统，不会导致建筑物漏水或渗水。

3）应采用轻质栽培基质，冬季应有防冻措施。

6. 树木支撑

1）常绿树支撑高度为树干高度的 2/3，落叶树支撑高度为树干高的 1/2。

2）连接树木的支撑点在树木主干上，连接处衬软垫并绑缚牢固。

3）支撑物、牵拉物的强度能够保证支撑有效。

4）树木支撑材料精制，整体效果美观。

7. 绿化工程质量

1）种植的植物材料整形修剪符合设计要求。

2）花卉种植地无杂草、无枯黄，各种花卉生长茂盛，种植成活率达到 95% 以上。

3）草坪无杂草、无枯黄，种植覆盖率达到 95% 以上。

4）乔、灌木的成活率达到 95% 以上，珍贵树种和孤植树保证成活。

8. 水景

1）水体的进水口、排水口、溢水口和闸门的标高，适用于水位、泄洪和清淤的要求，排水口安装防护措施，以防堵塞管道。

2）硬底人工水体近岸 2m 范围内，水深大于 0.7m 的应当设置防护栏。

3）素土驳岸坡度大于 1:1 的应有固土和防冲刷的技术措施。

4）人工砌筑或混凝土浇筑的驳岸及护坡，应有良好的透水结构，防止土壤自坡下流失。

5）水体岸边有安全防护措施，并满足相关设计规范，不合格范例如图 10-4 所示。

图 10-4　水岸无安全防护设施，存在重大安全隐患

6）水系驳岸整体应高于绿地 2～5cm，避免绿化浇水流进水体。

9. 绿地给水及喷灌

1）管道的套箍、接口应牢固、紧密，管口无乱丝，对口间隙准确。

2）管道铺设应符合设计要求，铺设后必须进行水压试验。

3）自动喷灌系统布局合理，布局覆盖率 100%，阀门开关灵活、无漏水，水压正常，安装稳固、无摇晃。

4）非自动喷灌系统供水口分布合理，取水口、开关附近地面合理处理，排水正常。

5）上升式草地喷头已缩埋入土中。

6）自动喷灌喷头符合喷灌系统设计要求，喷头的数量、喷射半径、角度满足功能要求。如图 10-5 所示。

图 10-5　自动喷灌喷头

10. 绿化工程中所用石材

1）所用的石材与规划设计一致。

2）所用的石材铺设、安装牢靠、平整。

3）所用的石材无缺失、破损，不合格范例如图 10-6 所示。

图 10-6　绿化景观石材破损

参考资料 5：物业承接查验工作实例

下面，介绍一个物业承接查验的实际案例，以供学习与参考。

××物业项目承接查验报告

依据《前期物业服务合同》中的约定，依据《承接查验管理办法》的相关规定，同时，受××房地产有限公司的委托，××物业服务有限公司从未来业主正常使用与物业服务管理工作顺利进行的角度出发，对××物业项目进行了为期一个月的初次承接查验。

现对承接查验中存在的问题汇总如下。

1. 需要返修的非结构性质量缺陷

（1）室内部分质量缺陷

1）室内土建部分：①墙面有明显修补痕迹；②地面有明显修补痕迹。

2）室内土建附属设施：①窗户开关不顺畅、有异响，窗户表面有明显划伤，中空玻璃内部有尘土及污渍；②门的安装严重倾斜，如图 10-7 所示；③相邻两户入户门开启相互影响，如图 10-8 所示；④对卫生间及厨房的地面进行 24h 闭水试验，有漏水现象。

图 10-7　进户门安装倾斜

3）室内电气部分：①箱盖背面未贴电路系统图；②缺少应有的灯泡现象；③开关有控制错误现象；④门铃线路不通；⑤可视对讲系统中监控图像模糊，

图 10-8 相邻两户进户门相互影响

通话声音不清晰。

4）室内给排水部分：地漏盖内存有建筑垃圾。

（2）装饰装修部分质量缺陷

1）地坪：地坪表面不平整，并有起砂现象。

2）楼梯走道：地砖铺贴不平整，有碎块、掉角、缺棱等现象。

（3）公用设施质量缺陷

1）车库：无车位号标识，挡车杆存在安全隐患，如图 10-9 所示。

2）消火栓箱：消火栓箱内消防管、消防水带、消防枪头等应有配套不齐全。

3）物业服务用房：物业服务用房中的员工食堂未设置排烟、上水、排水、通风设施；未预留燃气接口。

4）清洁配套设施：①摆放垃圾桶位置的地面及墙壁未贴瓷砖，后期维护困难；②电梯厅配置的立式烟灰桶与环境不协调；③地下车库未设置垃圾收集箱。

5）围栏：围栏高度较低，无法实现封闭的作用，如图 10-10 所示。

6）公共道路：公共道路选取的地砖不防滑，易造成人身意外伤害，如图

第四部分　物业承接查验大课堂

图 10-9　存在安全隐患的挡车杆

图 10-10　存在安全隐患的围栏

10-11 所示。

（4）电气系统部分质量缺陷

公共照明及园林路灯，各灯位的位置及线路走向与竣工图纸位置不符。

（5）电梯系统部分质量缺陷

1）配套工具：未预留配套工具。

2）电气安全装置测试：电梯上下行至平层后，轿厢地坎与各厅门地坎误差

图 10-11　不防滑地砖

较大。

3）电梯安装质量检查：未安装电梯安全检验合格证及安全乘梯须知等提示。

（6）安全防范系统质量缺陷

1）视频安防监控系统：①部分显示器黑屏，布线杂乱不规范；②云台及部分摄像头安装位置不合理。

2）红外线报警系统：②围墙穿越报警系统不发生作用；②红外线探测器被触发时，监控中心的红外线报警系统控制不能显示报警发生的地点。

（7）消防系统部分质量缺陷

部分火警电话无法与中控室通话。

（8）给水排水系统部分质量缺陷

大量窨井盖在施工过程中损坏严重。

（9）绿化工程部分承接查验操作指南

1）绿地：①斑秃面积较大；②道路与绿地连接处未设置隔离嵌沟，后期维护困难，如图 10-12 所示；③绿地设置为直角，易发生踩踏，如图 10-13 所示。

2）树木种植：①部分乔木枯死；②部分大树种植位置距离住宅楼过近，对

第四部分 物业承接查验大课堂

图 10-12 未设置隔离嵌沟

图 10-13 直角绿化带易发生踩踏

业主生活产生影响，如图 10-14 所示。

对承接查验过程中发现的上述非结构性质量缺陷（一般缺陷），××物业服务有限公司已将检查记录提交××房地产有限公司，请××房地产有限公司责成建设施工单位限期整改，并由××物业服务有限公司进行复验。

图 10-14　树木导致遮光

2. 需加固补强的房屋结构性质量缺陷

此次承接查验过程中未发现房屋结构性质量缺陷。

3. 不具备使用功能的情况

此次承接查验过程中未发现不具备使用功能的情况。

此报告在转发××房地产有限公司的同时，××物业服务有限公司将作为永久性保存资料，存档备查。